Marcell Engel und Martin Zovak

Mut ist deine Superkraft

Marcell Engel und Martin Zovak

# Mut ist deine Superkraft

## So erkennst und wehrst du dich gegen Mobbing

Telemach-Verlag

Der Verlag weist ausdrücklich darauf hin, dass im Text enthaltene externe Links vom Verlag nur bis zum Zeitpunkt der Buchveröffentlichung eingesehen werden konnten. Auf spätere Veränderungen hat der Verlag keinerlei Einfluss. Eine Haftung des Verlags ist daher ausgeschlossen.

Bibliografische Information der Deutschen Nationalbibliothek
Die Deutsche Nationalbibliothek verzeichnet diese Publikation in der Deutschen Nationalbibliografie; detaillierte bibliografische Daten sind im Internet über http://dnb.d-nb.de abrufbar.

1. Auflage

Königsberger Str. 16, 55218 Ingelheim am Rhein

Lektorat: Sarah Küper, Mainz
Korrektorat: Deniz S. Özdemir, Mainz
Umschlaggestaltung: Nadine Nagel, Mainz
Satz und Layout: Sarah Küper, Mainz
Autorenfoto: Denis Liebemann, Bad Soden
Druck und Bindung: Azymut, Warschau, Polen

ISBN: 978-3-98641-150-3



www.telemach-verlag.de

# Inhaltsverzeichnis

# Vorwort

Mobbing ist eine ernsthafte Bedrohung für alle Menschen, ganz gleich welchen Alters. Psychische sowie körperliche Gewalt kennt weder Altersgrenzen noch Tabus. Jeder kann von Mobbing betroffen sein. In den meisten Fällen wollen es die Menschen, die dieser Form der Erniedrigung oder Bedrohung ausgesetzt sind, selbst nicht wahrhaben, dass sie in eine Opferrolle gedrängt wurden. Oftmals verleugnen sie die Tatsache, dass Mobbing passiert, und verharmlosen es. Falsch verstandener Spaß oder eine übertriebene Sicht der Dinge sind häufig die Argumente, die Mobbingopfer sich selbst gegenüber rechtfertigen, wenn es ein oder mehrere Täter auf sie abgesehen haben.

Mobbing findet außerdem überall statt: im Job, im Internet (vor allem da!), im Verein, im Freundeskreis und in der Schule. Genau damit beschäftigt sich dieses Buch. Du hältst einen Antimobbingratgeber für Kinder und Jugendliche in der Hand. Dieses Buch wurde so geschrieben, dass es dieser Lesegruppe ein angenehmes Erarbeiten des Inhaltes ermöglichen soll. Aus diesem Grund wurde auch die Du-Form gewählt. Vermutlich bist du Mutter oder Vater einer Tochter oder eines Sohnes im schulfähigen Alter. Möglicherweise arbeitest du als Lehrerin oder Lehrer und möchtest du dich zu diesem Thema weiterbilden (du merkst schon, um die Lesbarkeit einfacher zu gestalten, erlauben wir uns, an dieser Stelle bereits die Du-Form anzuwenden) oder vielleicht gehst du zur Schule. Eines ist jedenfalls sicher: Du hast dich dafür entschieden, dich zum Thema *Mobbing* weiterzubilden oder suchst nach Antworten und Lösungen, wie man sich am besten verhält, wenn man Mobbing ausgesetzt ist oder Zeuge davon wird.

Genau damit beschäftigt sich nämlich dieses Buch. An zwei praktischen Beispielen zeigen wir auf, wie Mobbing stattfindet und wir geben viele Beispiele, wie sich diese Form der Gewalt entweder vermeiden oder gezielt beenden lässt. Mit diesem Buch wird es dir garantiert leichter fallen, den Mobbingkreislauf zu durchbrechen. Vor allem, wenn du selbst zur Schule gehst. Aber auch, wenn du Unterstützung zu diesem Thema als Lehrkraft oder Elternteil suchst. Dabei zeigen wir auch auf, wie sich Mobbing überhaupt erkennen lässt. Oftmals ziehen sich Betroffene zurück, wollen nicht darüber sprechen oder reden ihre Erlebnisse klein. Je früher diese negative Spirale der Gewalt unterbrochen wird, umso höher ist die Chance auf eine schnelle Beendigung dieses Kreislaufes aus Demütigung und Gewalt.

Wir sind Marcell Engel und Martin Zovak. Im nächsten Abschnitt richten wir uns direkt an unsere Leserinnen und Leser, die wir dann »hochoffiziell« begrüßen werden und gleichzeitig stellen wir uns vor.

Anschließend erzählen wir einige grundlegende Dinge über Mobbing. Wie man es erkennt und weshalb Menschen überhaupt solche Dinge anderen antun. Wir erzählen einiges über die Gedankenwelt der Täter sowie Mittäter und geben bereits viele Tipps und Empfehlungen, wohin sich Betroffene wenden können und mit welchen Übungen genügend innere Stärke aufgebaut werden kann, um Mobbing von sich abzuwenden. Wir gehen auch darauf ein, wie du als Zeuge von Mobbing konkret vorgehen kannst. Wenn du also beobachten solltest, wie eine andere Person drangsaliert, gequält oder sogar attackiert wird.

Im nächsten Abschnitt folgt die erste Geschichte. Dort lernst du Sara kennen und wie sie in die Mobbingspirale kam. Du lernst das typische Verhalten kennen, wenn man plötzlich von Mitschülerinnen gepiesackt wird und sich nicht traut, jemandem davon zu erzählen. Diese Geschichte beruht ebenso auf echten Erlebnissen wie die von Moritz, den du im dritten Abschnitt kennenlernen wirst. Alle Namen und Orte wurden selbstverständlich geändert.

Schließlich bekommst du viele konkrete Anleitungen, Tipps und Empfehlungen, wie du dich künftig erfolgreich gegen Mobbing aufstellst und vor allem, wie du der Mobbingfalle entkommst, solltest du in sie hineingeraten sein.

Im letzten Teil des Buches richten wir uns an deine Eltern, Großeltern sowie an deine Lehrerinnen und Lehrer. Sie erhalten ebenfalls viele konkrete Tipps, wie sie dazu beitragen können, dass Mobbing keine Chance bekommt und wie sie dich unterstützen können, wenn du ihnen von Mobbingvorfällen erzählst. Ganz gleich, ob du selbst davon betroffen bist oder beobachtet hast, wie eine Mitschülerin oder ein Mitschüler gemobbt wird.

So, jetzt möchten wir dich ganz offiziell begrüßen und dazu brauchst du lediglich diese Seite umzublättern.

# Mission AUSgemobbt

Liebe Leserinnen, liebe Leser,

schön, dass ihr hier seid. Wir suchen nämlich Mitstreiterinnen und Mitstreiter und hoffen, in euch welche zu finden. Wir sind auf einer Mission, der »Mission AUSgemobbt«. Egal, ob ihr selbst von Mobbing betroffen seid oder es »nur« in eurem Umfeld beobachtet – ihr könnt ab sofort zum Super-Hero werden und dem Mobbing ein Ende setzen, wo immer es euch begegnet. Damit die Mobber AUSgemobbt haben.

Wir wissen, wie hart Mobbing für die Opfer ist. Andere als »Opfer« zu dissen, ist nicht lustig und schon gar nicht cool. Opfer zu sein, ist die Hölle. Eine Hölle, aus der viele irgendwann keinen Ausweg mehr finden. Wir möchten diese Hölle beenden. Und vielleicht helft ihr uns ja auf unserer Mission.

Die meisten Menschen haben bereits Erfahrungen mit Mobbing gemacht. Und fast alle waren schon einmal mindestens in einer der Rollen beteiligt: als Opfer oder als Zuschauer, wahrscheinlich sogar als Täter oder Täterin. Denn wenn wir ganz ehrlich zu uns selbst sind, geben wir vielleicht sogar zu, dass wir schon einmal beim Mobbing mitgemacht haben. Weil es einfach so verführerisch war, weil wir dazugehören wollten oder weil es einfach plötzlich geschehen ist. Das ist traurig, aber es kann allen passieren.

Umso wichtiger ist es, dass Betroffene lernen, sich zu wehren, und andere ihnen dabei helfen. Am besten ist es natürlich, wenn Mobbing auf dem Schulhof, im Verein, auf dem Sportplatz und zu Hause gar nicht erst passiert. Es braucht ja niemand mitzumachen.

Wir waren früher selbst Opfer. Martin hat gelispelt. Er wurde dafür nachgeäfft, geärgert, ausgelacht und ins Abseits gedrängt. Marcell wurde regelmäßig von Leuten verprügelt, die ihm aufgelauert haben. Wir wissen, wie sich Opfer fühlen und dass das alles nichts mit Spaß zu tun hat.

Die Erfahrungen haben uns für unser Leben geprägt. Wir haben gelernt, uns zu wehren. Sport und Kampfkunst haben uns dabei geholfen. Heute unterstützen wir andere dabei, aus der Mobbinghölle herauszufinden. Und wenn uns doch noch einmal jemand blöd kommt, lachen wir ihn aus.

Gemeinsam treten wir seit inzwischen 15 Jahren an Schulen in ganz Deutschland heran und erzählen mit der Zustimmung der Lehrerinnen und Lehrer in Schulklassen alles, was man wissen sollte, um sich bei Mobbing richtig zu verhalten. Vielleicht waren wir sogar schon an deiner Schule und eventuell hast du uns bereits kennengelernt. Wir arbeiten aber auch mit Behörden und verschiedenen Organisationen zusammen, um Anti-Mobbing-Programme zu entwickeln und vor allem um Betroffene dabei zu unterstützen, sich Mobbing-Attacken zu entziehen, um bestenfalls überhaupt nicht zum Ziel von derartigen Angriffen zu werden. Wir klären außerdem darüber auf, was man konkret unternehmen kann, wenn man Zeuge von solchen Übergriffen wird. Damit sprechen wir nicht nur Lehrer an, sondern jeden, der Gewalt an anderen erkennt oder beobachtet, sei sie körperlicher oder psychischer Natur. Schließlich sollte es unsere Pflicht sein, andere vor Schaden zu schützen und natürlich sollten wir uns ebenfalls selbst davor absichern. Auch dazu geben wir in diesem Ratgeber Tipps und Empfehlungen, wie du künftig am besten vorgehen solltest, wenn du dich in einer derartigen Situation befindest und beobachtest, wenn vielleicht einem Mitschüler Schlimmes angetan wird.

Wir beide wurden also früher selbst gemobbt, sogar über eine lange Zeit hinweg. Nicht die ganze Zeit über, doch bei uns beiden war es während unserer Schulzeit besonders schlimm. Immer wieder wurden wir gehänselt und verprügelt. Meist war dann alles am Ende des Schuljahres vorbei und mit Beginn der nächsten Schulstufe ging es wieder von vorn los. Eine schreckliche Zeit, wie du dir vorstellen kannst. Für Marcell genauso wie für Martin. Doch was wurde schließlich aus uns, als wir immer größer und irgendwann Erwachsene wurden? Auch darüber möchten wir dir gleich zu Beginn erzählen. Wir wollen dir damit nämlich aufzeigen, dass es immer einen Weg aus dieser hässlichen Mobbingspirale gibt und wir sind gute Beispiele dafür.

Marcell ist Papa von vier Kindern und außerdem Chef von einigen Unternehmen mit über 350 Mitarbeiterinnen und

Mitarbeitern. Sein Spezialbereich ist dabei die Reinigung von hartnäckigen Verschmutzungen und seine Unternehmen arbeiten hauptsächlich mit Behörden zusammen, beispielsweise mit Polizeibehörden oder dem Militär. Häufig wird Marcell als Experte von offiziellen Stellen in anderen Ländern angefragt, um beispielsweise ganze Flugzeuge mit seinem Team zu reinigen und fachmännisch zu desinfizieren. Außerdem ist Marcell als Tatortreiniger tätig und ein großer Teil seines Teams beschäftigt sich ausschließlich in diesem Bereich. Das bedeutet, wenn ein Verbrechen geschieht, dann sorgen seine Mitarbeiter dafür, dass alles wieder in seinen nahezu ursprünglichen Zustand hergestellt wird. Meist handelt es sich dabei um Gewaltverbrechen und oftmals fand davor eine lange Zeit Mobbing statt, bis diese Gewalt schließlich in unfassbaren Taten endete. Er arbeitet also in einem ausgesprochen interessanten Job und hat in seinem Leben so einiges erreicht. Übrigens bedeutet ihm seine fantastische Familie alles. War das aber immer schon so?

Naja, Marcell Engel wuchs in einem sozialen Brennpunkt in der Nähe von Frankfurt auf. Während seiner Kindheit wurde er von anderen Kindern häufig geschlagen und getreten. Vor allem deshalb, da er damals richtig dünn war und dadurch für manche andere Kinder das ideale Mobbingopfer darstellte. Nach etwa zwei Jahren intensiven Mobbings veränderte sich etwas in seinem Denken und Marcell schlug plötzlich zurück. Auf diese Weise löste er sich aus dieser Opferhaltung, doch nun wählte er Gewalt als Reaktion auf viele Konflikte. Ab diesem Moment gehörten Schlägereien beinahe zu seiner täglichen Routine. Marcell wurde vom Opfer beinahe zum Täter, denn er merkte, wenn er Gewalt zeigte, trauten sich die anderen nicht mehr, ihn anzugreifen. Das ging jedoch gar nicht und zu seinem Glück wurde er mit 19 Jahren erstmals Vater. Diese frühe Vaterrolle veränderte sein Denken radikal und bereits damals erkannte er, dass Mobbingopfer Hilfe benötigen, um aus der Gewaltspirale herauszukommen. Heute weiß Marcell, dass Gewalt immer nur mehr Gewalt auslöst und es viel schlauere Lösungen gibt, um dem Mobbing zu entkommen. Oder noch besser: Um überhaupt nicht erst zum Mobbingopfer zu werden.

Martin Zovak stammt aus dem Main-Taunus-Kreis. Seit dem Jahr 2005 unterrichtet er Kinder, Jugendliche, Erwachsene und auch Senioren in der Gewaltprävention. Als professioneller Selbstverteidigungs- und Kampfsportlehrer betrieb er bis vor wenigen Jahren drei Kampfsportschulen. Gemeinsam mit seinem Trainerteam vermittelte er unter anderem vielen Heranwachsenden Techniken, um aus dem Mobbing herauszukommen. Inzwischen hat er sein gesamtes berufliches Wirken auf die Prävention gegen Mobbing ausgerichtet.

Wie schon geschrieben, Martin war in seiner Kindheit selbst ein Mobbingopfer, weil er zu dieser Zeit stark lispelte und daher von seinen Mitschülern immer wieder gehänselt wurde. Dies führte dazu, dass er irgendwann immer schweigsamer wurde. Als das Mobbing nicht aufhörte, wurde er – ähnlich wie es bei Marcell der Fall war – immer öfter aggressiv und er schlug wiederholt zu. Als Jugendlicher begann er die Kampfsportart WingTsun zu trainieren und mithilfe von Logopäden ist sein Sprachfehler heute fast vollkommen verschwunden. Nach seiner Ausbildung zum Pädagogen im Bereich Gewaltprävention entwickelte Martin das Trainingskonzept *Handlungsfähig, selbstbewusst und stark*, welches er seitdem im Rahmen von Anti-Mobbingkursen an Schulen sowie Vorschulen anbietet. Im Mittelpunkt dieses Programms steht der Ansatz, Kinder so zu trainieren, damit diese künftig stärker und selbstbewusster auftreten. Dabei lernen sie die wesentlichen Elemente der Empathie, Achtsamkeit, Handlungsfähigkeit, Körpersprache sowie Selbstbehauptung und Selbstverteidigung auf spielerische Weise. Die Hauptbestandteile von *Handlungsfähig, selbstbewusst und stark* werden übrigens auch in diesem Buch vorgestellt.

Neben seinem Fokus auf Gewaltprävention für Kinder und Jugendliche bildet er zudem Polizeibeamte und Sicherheitskräfte darin aus, sich in gefährlichen Situationen richtig zu verhalten, damit andere Menschen geschützt werden können. Dabei handelt es sich vor allem um Selbstverteidigungstechniken, die speziell für Polizisten und Security-Leute angepasst wurden. Die beiden – Marcell und Martin – betreiben übrigens auch gemeinsam den Podcast »Ausgemobbt«.

Jetzt hast du einiges über uns erfahren. Wir möchten dir vor allem bewusst machen, wie du dich wehren kannst, falls du von Mobbing betroffen bist. Und du kannst außerdem anderen aus der Hölle heraushelfen und die Täter stoppen. Am besten, bevor sie überhaupt richtig anfangen können. Wie das geht, zeigen wir dir in diesem Buch.

Beim Lesen wirst du viel über Mobbing erfahren. Wie es entsteht, wie es sich entwickelt, wie es immer krasser eskaliert. Wir zeigen dir, wie sich die Opfer fühlen, was in den anderen vorgeht und was passiert, wenn sich jemand zu wehren beginnt – oder eben nicht. Denn dann machen die Mobber immer weiter.

Über die Täter selbst wirst du in diesem Buch wenig lesen. Sie interessieren uns nicht. Die Täter sind ehrenlos. Sie sind übelst feige und würden sich nie mit einem Gegner batteln, der stark genug ist, sich zu wehren. Möchtest du dich mit solchen Lappen beschäftigen? Bestimmt nicht!

Also, zeige dich, wehre dich, stehe auf gegen Mobbing, wo immer es dir begegnet. Werde ein Teil der »Mission AUSgemobbt«. Wir feiern dich dafür!

# Du bist mutig!

Ja, wir meinen dich. Es ist sehr mutig von dir, dass du zu diesem Buch gegriffen hast. Das ist nämlich kein schönes Buch. Es beschäftigt sich mit einer der hässlichen, grausamen Seiten des Lebens. Dass du es trotzdem liest, zeigt, wie mutig du bist. Keine Angst, wir sind bei dir. Lass uns das Thema gemeinsam mutig anpacken. Schritt für Schritt.

Im Laufe dieses Buches stellen wir dir zwei junge Menschen vor, die Opfer von Mobbing geworden sind. Dazu erzählen wir dir die Geschichten von Sara und Moritz. Es sind krasse Geschichten, die sich so oder ähnlich jeden Tag irgendwo auf unseren Schulhöfen abspielen. Anhand dieser Erzählungen wirst du besser verstehen, was passiert, wenn die Mobbingfalle Menschen fest im Griff hat. Es gibt aber auch Hoffnung: Du wirst sehen, dass es Wege gibt, aus der Falle herauszufinden. Später sind deine eigenen Ideen gefragt.

Die Sprache in diesem Buch ist oft nicht schön und vielleicht findest du sie abstoßend. Aber Mobbing zeigt sich gerade auch in einer krassen, oft brutalen Sprache. Man hört sie überall auf den Schulhöfen. Und nicht nur dort. Wir wollen nichts beschönigen, sonst denkst du dir vielleicht: »Das ist doch gar nicht echt«. Beim Mobbing ist es wichtig, mit anderen darüber zu sprechen, und zwar mit jenen Menschen, denen du vertraust. Mit deinen Eltern, deinen Großeltern oder mit Lehrern an deiner Schule. Es kann sein, dass du deine Gedanken, die du beim Lesen in diesem

Buch hast, ebenfalls mit jemanden anderen teilen möchtest. Mach das unbedingt. Sprich am besten schon jetzt mit deinen Eltern, Großeltern oder Lehrern über dieses Buch. Wenn du dann etwas hast, das du loswerden willst, kannst du die Person deines Vertrauens garantiert ansprechen und alles mit ihr teilen. Oder ihr lest gemeinsam darin und besprecht die Dinge, die dich dabei bewegen.

## Wie du dieses Buch lesen kannst

In diesem Kapitel erklären wir dir, was Mobbing ist, wie die Täter vorgehen und wie sich Betroffene und die, die ihnen helfen möchten, wehren können. Denn Mobbing ist grausam und die Opfer brauchen Hilfe. Allein können sie es kaum schaffen. Wo es Hilfe gibt, zeigen wir dir ebenfalls in diesem Buch.

Wenn du lieber erst einmal mit den Geschichten anfangen möchtest – kein Problem! Blättere einfach weiter zum Kapitel »Ich heiße Sara!« und lerne Sara kennen. Darauf folgt im nächsten Kapitel die Geschichte von Moritz. Am Ende dieser beiden Abschnitte findest du jeweils eine kurze Zusammenfassung, die noch einmal das Wichtigste auf den Punkt bringt, was sich aus der Geschichte über Mobbing lernen lässt.

Also, lies gerne weiter und mach dich schlau über Mobbing. Wenn du lieber erstmal in die Geschichten einsteigen möchtest, ist das auch okay. Danach kehrst du dann am besten noch einmal zu diesem Kapitel zurück. Vieles, was du darin liest, wird dir dann schon bekannt vorkommen.

## Was ist Mobbing überhaupt?

Mobbing gehört zu den grausamsten Dingen, die Menschen einander antun können. Einzeltäter oder Gruppen von Tätern suchen sich ein Opfer aus, das sie schikanieren, bloßstellen, quälen und einfach nicht in Ruhe lassen. Oft werden die Opfer auch bestohlen, erpresst oder ausgeraubt.

Worte können Menschen verletzen. Sie können ihnen das Leben zur Hölle machen. Man spricht hier auch von psychischer Gewalt. Psychische Gewalt ist brutal und kann tiefe Narben in der Seele hinterlassen, die ein ganzes Leben lang nachwirken. Oft schlägt die psychische Gewalt früher oder später auch in körperliche Gewalt um. Die Opfer werden bedroht, verprügelt und misshandelt.

Eine besondere Form des Mobbings ist das sogenannte Cybermobbing. Dabei werden die Opfer fotografiert und gefilmt, während sie gedemütigt oder auch in peinlichen Situationen angetroffen werden. Oft führen die Täter diese Situationen bewusst herbei.

Die Geschichten von Sara und Moritz liefern dir jede Menge erschreckende Beispiele für psychische sowie körperliche Gewalt und auch für Cybermobbing. Warum machen wir das? Sicher nicht, damit es jemand nachmacht. Nein, wir möchten, dass du verstehst, was Mobbing ist, wie es funktioniert und wie du ihm begegnen kannst.

## Mobbing kann alle treffen

Mobbing kann alle treffen. Die meisten sind irgendwann im Leben mal Täter, mal Opfer und allzu oft auch einfach »nur« Mitläufer. Leider gibt es aber immer wieder Menschen, die sich als Opfer besonders gut eignen. Häufig sind sie auf irgendeine Weise auffällig, anders: Dicke, Rothaarige, Stotterer, Brillenträger oder Kinder aus besonders armen Familien. Eine Behinderung oder eine andere Hautfarbe führen ebenfalls schnell zu Spott und Ausgrenzung – dabei haben es gerade diese Menschen oft ohnehin schon schwer genug, sich im Leben und in unserer Gesellschaft zurechtzufinden. Wenn das Opfer sich nicht wehrt und keine Hilfe bekommt, wird es leicht zur Zielscheibe für ständiges Mobbing.

Es kann aber auch alle anderen treffen. Manchmal scheint es so, als hätten einzelne Kinder oder Jugendliche etwas an sich, dass Mobbing magisch anzieht. Vielleicht drücken sie sich merkwürdig aus oder tragen komische Klamotten. Möglicherweise sind sie auch einfach ein bisschen zu schlau und lassen es die anderen – vielleicht gar nicht mal absichtlich – merken.

## Mobbing findet überall statt

Schülerinnen und Schüler verbringen außerhalb der Ferien einen großen Teil ihres Lebens in der Schule. Die meiste Zeit gibt es einen festen Klassenverband und sie treffen immer wieder auf dieselben Mitschülerinnen und Mitschüler. Es bilden sich Gruppen und Cliquen. Freundschaften entstehen. Die meisten haben das gute Gefühl, irgendwo dazuzugehören. Die Gruppe gibt ihnen ein Gefühl der Sicherheit und Geborgenheit.

Aber es gibt immer wieder Einzelne, die an den Rand gedrängt werden. Sie finden keinen Anschluss. Sie erleben dieses Gefühl des Dazugehörens, der Sicherheit und Geborgenheit nicht. Damit haben Täter ein leichtes Spiel, wenn sie auf der Suche nach einem wehrlosen Opfer sind. Wer einmal im Abseits steht und von Mobbing betroffen ist, hat es auf Dauer schwer, einen Ausweg zu finden.

Oft hilft nur noch ein Schulwechsel, doch für manche geht es an der neuen Schule schon bald so weiter, wie es an der alten geendet hat. Man spricht dann auch von einem Opferprofil. Einige werden es ihr Leben lang nicht los.

Mobbing gibt es nicht nur in der Schule. Es findet überall statt: in der Familie, im Sportverein, in der Ferienfreizeit. Immer wieder geraten Einzelne ins Abseits und werden zur Zielscheibe von psychischer und körperlicher Gewalt. Und die wird mit der Zeit meist immer grausamer.

Es trifft auch Erwachsene. Auch am Arbeitsplatz wird gemobbt und für die Opfer wird das Leben häufig unerträglich. Was noch schlimmer ist: Wer als Kind schon gemobbt wurde, wird auch als Erwachsener leichter zum Opfer. Umso wichtiger ist es, frühzeitig gegen Mobbing anzugehen. Dazu möchte dieses Buch ermutigen und Wege aus der Mobbingfalle zeigen.

## Täter, Opfer und alle anderen

Beim Mobbing gibt es immer drei Gruppen: die Täter, die Opfer und alle anderen. Die anderen haben eine besondere Verantwortung. Sie können die Täter ermutigen, das Opfer verspotten oder sogar auf die eine oder andere Art mitmachen. Dann sind sie sogenannte Mitläufer. Ganz schnell kann es passieren, dass man selbst zum Mitläufer und darüber vielleicht sogar zum Täter wird. Je mehr Mitläufer es gibt, desto schwerer wird es für das Opfer, einen Ausweg zu finden.

Manche haben einfach Angst vor den Tätern. Sie fürchten, selbst zum Opfer zu werden oder ins Abseits zu geraten. Vielleicht haben sie sogar Mitleid. Trotzdem gehen sie nicht gegen das Mobbing vor oder machen sogar mit, damit sie nicht selbst in das Visier der Täter geraten.

Viele schauen einfach zu oder sie schauen weg. Man sagt dann, sie verhalten sich passiv. In diesem Fall machen sie zwar selbst nicht aktiv mit, helfen aber weder dem Opfer noch setzen sie den Tätern Grenzen. Sie sind scheinbar unbeteiligt. Aber gerade dadurch stärken sie die Täter und lassen das Opfer allein.

Damit tragen »die anderen« eine besondere Verantwortung. Sie können es für das Opfer noch schlimmer machen. Sie können sich gleichgültig verhalten. Sie können aber auch gegen das Mobbing angehen und dem Opfer helfen. Das nennt man dann Zivilcourage. Auch dazu möchte dieses Buch ermutigen: Schau genau hin, wenn du in deiner Umgebung Anzeichen von Mobbing erkennst.

Sei mutig, verbünde dich mit anderen und geh dagegen an. Unsere Welt braucht mehr Menschen mit Zivilcourage. Du kannst entsetzliches Leid verhindern, wenn du rechtzeitig einschreitest.

## Die Täter suchen sich die Schwächsten aus

Weißt du, was das Wichtigste ist, was du über die Täter wissen musst? Sie sind feige! Sie machen anderen Angst und verhalten sich so, als wären sie unglaublich stark. Aber in Wirklichkeit sind sie feige und haben ein ganz schwaches Selbstwertgefühl. Damit das niemand merkt und damit sie sich selbst stärker fühlen können, suchen sie sich die Schwächsten als Opfer aus und machen ihnen das Leben zur Hölle. Meistens hören sie ganz schnell auf, wenn sich das Opfer wehrt. Dann machen sie sich wieder auf die Suche nach anderen, die wehrloser sind.

Es fängt daher meist auch langsam an. »War das jetzt Absicht? War das vielleicht gar nicht so gemeint? War es ein Unfall?« - die Anfänge von Mobbing sind oft schwer zu erkennen. Die Täter testen oft zunächst ihre Grenzen aus. Sie schauen, wie weit sie gehen können und ob sich ihr Opfer wehrt. Wenn sie merken, dass es keinen Widerstand gibt, machen sie weiter.

Wenn dir selbst oder anderen um dich herum so etwas passiert, hör auf deine innere Stimme und achte auf deine Gefühle. Meistens fühlt sich von Anfang an etwas nicht richtig an. Wenn du darüber nachdenkst, bist du dir vielleicht unsicher. Aber wenn du das Gefühl hast, dass etwas nicht stimmt, dann hör darauf.

Wenn du selbst die Zielscheibe bist, such dir Menschen, denen du vertrauen kannst. Am besten vertraust du dich deinen Eltern an. Sag ruhig, dass es sich irgendwie komisch angefühlt hat, auch wenn es vielleicht anders gemeint sein könnte. Erzähle ihnen auch, wenn du Angst hast.

Auch wenn andere betroffen sind, darfst du auf dein Gefühl hören. Wenn in der Klasse, auf dem Sportplatz, in der Ferienfreizeit oder anderswo etwas passiert, das dir ein komisches Gefühl gibt, sprich mit anderen. Frag Leute, die du gut kennst, ob sie das auch beobachtet haben und wie sie das empfinden. Vielleicht kannst du dabei helfen, Schlimmes zu verhindern.

## Wie sich Mobbing schrittweise immer weiter verschlimmert

Mobbing findet zwar nicht immer gleich statt, jedoch existiert sehr wohl ein Muster, welches sich durchgängig wiederholt. Es ist also nicht so, dass es plötzlich da ist, beispielsweise als würde man einen Stein ins Wasser werfen und der liegt dann einfach so am Grund eines Sees. Es findet in den allermeisten Fällen schrittweise statt und wird immer schlimmer. Das ist vergleichbar mit den Wellen, die so ein Stein erzeugt, wenn man ihn ins Wasser wirft. Man spricht dabei auch von den sogenannten »Eskalationsstufen«. Das bedeutet, mit jeder Stufe nimmt für das Mobbingopfer die Bedrohung zu. Normalerweise beginnt alles ganz harmlos. Da wird dann vielleicht ab und an mal gehänselt, geempelt oder beleidigt und oft als harmloser Spaß bezeichnet. Im Laufe der Zeit steigert es sich jedoch bis zur unausweichlichen Eskalation zwischen dem Täter und dem Opfer, das viel zu oft in einer Tragödie endet.

Apropos harmlos: Mobbing ist kein Kavaliersdelikt, sondern dessen Folgen sind in den allermeisten Fällen eine Straftat. Darauf wird an späterer Stelle im Buch noch ausführlicher eingegangen. Jegliche Form der Verharmlosung führt zu massiven seelischen und körperlichen Schäden beim Opfer. Aus diesem Grund sollte nicht nur der Angegriffene möglichst schnell die geeigneten Gegenmaßnahmen ergreifen, sondern auch Außenstehende sollten – besser: müssen – alles unternehmen, um der betroffenen Person zu helfen.

Wir wollen es an dieser Stelle ganz klar ausdrücken: Wer bei Mobbing wegsieht, macht sich zum Mittäter! Hier gibt es keinen Interpretationsspielraum. Zivilcourage – so lautet ein wesentliches Zauberwort zur Bekämpfung von Mobbing.

Doch jetzt mal der Reihe nach: Wie findet Mobbing überhaupt statt und worauf sollte jeder von uns, ganz gleich, ob Betroffener oder Außenstehender achten, um diese Form der seelischen Gewalt schnellstmöglich zu erkennen?

## Mobbing findet nach einem Drehbuch statt

Es beginnt in der ersten Stufe mit kleinen Sticheleien, mit Scherzen, mit scheinbar nebensächlichen Bemerkungen. Danach folgen in der nächsten Stufe Beleidigungen, persönliche Angriffe, Allianzen werden geschmiedet oder es finden körperliche Angriffe statt, die beinahe wie zufällig erscheinen. Beispielsweise wird in der Schule »versehentlich« das Schulheft in der Pause heruntergeworfen oder es gibt ein kurzes Anrempeln, wenn sich die Wege kreuzen. In der U-Bahn kommt es zu einer »zufälligen« Berührung, etwa ein Bodycheck mit der Schulter. Oder in der großen Schulpause wirst du von anderen von der Stelle regelrecht vertrieben, wo du dich gerade aufhältst.

Schließlich kommt es zur dritten Stufe und es endet mit offenen Anfeindungen, mit massiver körperlicher Gewalt und mit dem Versuch, das Mobbingopfer in seinem Ansehen vollständig zu vernichten. Man erzählt schlimme Dinge über dich, du wirst lächerlich gemacht und in Situationen gefilmt, wo eine Kamera nichts verloren hat. Auf dem Klo beispielsweise. Diese Videos werden dann ins Internet gestellt und allen in der Schule gezeigt. Das hört sich möglicherweise schlimm an, kommt jedoch täglich an Schulen überall auf der Welt vor. Mobbing verläuft daher fast immer nach einer bestimmten Dramaturgie, die dem Täter ein Hochgefühl der Macht verleiht: die Macht über sein Opfer. So arbeitet der Mobber nach einem imaginären Drehbuch, das er unbewusst schrittweise ausarbeitet.

Das Ergebnis aus hunderten Gesprächen mit Mobbingopfern zeigt uns, dass dieser zuvor skizzierte Gewaltkreislauf oftmals verhindert werden kann, wenn man frühzeitig – also bereits in Stufe 1 – gegensteuert. Bevor wir uns sinnvollen Strategien gegen Mobbing widmen, stellen wir zunächst einmal die häufigsten Anzeichen von beginnendem Mobbing vor.

*Die erste Stufe – das Antasten*

Der Täter testet aus, wie weit er gehen kann. Zu Beginn unternimmt er die ersten Schritte, die schließlich zu Mobbing führen. Zunächst einmal fängt alles völlig harmlos an: ein abfälliger Spruch, ein kurzes Anrempeln oder ein sonstiger Angriff, der auf dem ersten Blick unverfänglich erscheint. Dabei versucht dieser Typ – ob männlich oder weiblich macht hier keinen Unterschied – herauszufinden, ob er ein passendes Opfer gefunden hat, denn schließlich möchte er tunlichst vermeiden, einem ebenbürtigen Gegner gegenüberzustehen und vielleicht sogar als Verlierer vom Platz zu gehen.

Sämtliche Aktionen in dieser ersten Stufe wirken meist zufällig, unbeabsichtigt, manchmal sogar naiv unbekümmert. Beispielsweise verbreitet der Täter – oder die Täterin – ein Gerücht über dich in der Klasse. »Der (oder die) stinkt heute wieder!«, könnte beispielsweise die Gemeinheit sein, die dieser Täter allen erzählt und dabei auf sein Opfer zeigt. Falls sich die betroffene Person jetzt zu Wehr setzt und den Mobber zur Rede stellt, kann sich dieser immer noch aus der Affäre ziehen: »Das war doch nur Spaß!«, wird man wahrscheinlich jetzt zu hören bekommen. Dann wird dieser Täter weiterziehen, um sich ein neues Opfer zu suchen.

Wenn also in dieser Stufe keine Gegenreaktion stattfindet, fühlt sich der Täter bestärkt und er wird weitermachen. Die Intention von Mobbern besteht nämlich darin, ihre Grenzen auszutesten und sie werden nicht damit aufhören, solange sie entweder Zugriff auf ihr Opfer erlangen oder es zu einer Gegenwehr kommt.

Als Tatortreiniger erhielt ich[1] vor einigen Jahren den Auftrag, eine Wohnung nach einem Gewaltverbrechen von den Spuren der Tat zu säubern. Nachdem ich die Wohnung betrat, bot sich das für mich inzwischen übliche Bild des Schreckens. Es gab viel Blut an den Wänden sowie am Boden und auch sonst sah es schrecklich aus. Umgeworfene Möbel, zerbrochenes Geschirr, Lebensmittel waren überall am Boden verteilt. Der Tote, ein junger Mann im Alter von Mitte 20, wurde bereits abgeholt, doch ich erkannte sofort, dass es hier einen Kampf zwischen zwei Menschen gab. Ich erfuhr anschließend von der Polizei, dass der Wohnungsinhaber im etwa gleichen Alter des Opfers war und diesen bereits seit Jahren gemobbt hatte.

Alles fing schon in der Schule an, beide gingen in die gleiche Klasse. Schließlich entschied sich der Mobber dafür, sein Opfer zu vernichten. Er lud ihn – nennen wir das Mobbingopfer an dieser Stelle »Klaus« - zu sich nach Hause ein und es kam zu einer brutalen körperlichen

1 Marcell

Auseinandersetzung. Im Polizeibericht konnte man lesen, dass Klaus bereits seit der achten Klasse gemobbt wurde. Er war recht schmächtig, fast schon dünn, trug eine Brille mit starken Gläsern und galt als guter Schüler. Grund genug für den Mobber und einigen seiner Freunde in der Klasse, ihm das Leben zur Hölle zu machen. Sie schlugen ihn in der Pause, bewarfen ihn während des Unterrichts mit Radiergummis, sie lauerten ihm nach der Schule auf und zwangen ihn, sich in Hundekot zu setzen. Das alles schrieb Klaus in einem Tagebuch nieder, das die Polizei entdeckte, nachdem man sein Zimmer im elterlichen Haus durchsucht hatte. Klaus wehrte sich nicht und hoffte, dass alles wieder von selbst aufhören würde.

In seinem Tagebuch konnte man lesen, dass er abends darum betete, man würde ihn endlich in Ruhe lassen. Doch das Gegenteil war der Fall. Er schrieb auch, dass er mit niemanden darüber redete, denn man würde ihm nicht glauben. Das dachte er zumindest. Er schrieb, dass er sich nie zur Wehr setzte, weil »es einfach nichts gebracht hätte« und er sich davor fürchtete, dass die Gewalt dann weiter zunahm. Er schrieb, dass er über Jahre hinweg das Mobbing still und ungerührt über sich ergehen ließ. Der Täter sagte später im Rahmen einer Vernehmung, dass er Klaus in seine Wohnung lockte, um sich mit ihm auszusprechen. In Wahrheit wollte er lediglich seine Gewaltfantasien gegen ihn ausleben.

Dieses Beispiel zeigt nicht nur das tragische Ende, welches durch Mobbing entstehen kann, sondern auch ein

Phänomen, dem viele Mobbingopfer unterliegen. Sie lassen diese Gewalt über sich ergehen, weil sie hoffen, dass ihre Peiniger irgendwann damit aufhören. Das ist aber ein Irrglaube, denn dieser Kreislauf kann nur durchbrochen werden, wenn dem Täter Paroli geboten wird.

Ich[2] erlebe in meiner Arbeit mit Kindern und Jugendlichen häufig, dass Schüler zwar von Mobbingfällen erzählen, doch sie selbst, wie teilweise auch ihre Eltern, sind davon überzeugt, dass es sich dabei lediglich um Scherze oder geringfügige Neckereien anderer handelt. »Der macht doch nur Spaß«, zählt zu den häufigsten Sätzen, die Mobbingopfer zu Beginn hören, wenn sie sich einem Außenstehenden gegenüber öffnen.

Nein, er macht keinen Spaß, sondern er beginnt eine Spirale der Gewalt, die nicht selten erst dann aufhört, wenn das Opfer auf eine andere Schule wechselt oder sogar Schlimmeres passiert. Aus diesem Grund ist es wichtig, so früh wie möglich gegen Mobbing vorzugehen.

*Die zweite Stufe – das Mobbing nimmt zu*

Wie wir bereits beschrieben hatten, haben die meisten Mobbingopfer Angst, sich gegen die Attacken zu wehren. Die Hoffnung, der Mobber stellt seine Angriffe nach kurzer Zeit wieder ein, wenn sich sein Opfer unsichtbar macht, erfüllt sich jedoch normalerweise nicht. Im Gegenteil. Da keine Gegenwehr stattfindet, testet er seine Grenzen weiter aus und wird nun mit den Attacken fortfahren,

---

2 Martin

die jetzt immer direkter und dreister werden. Manche Mobbingopfer wagen sogar, sich in dieser Stufe einer Auseinandersetzung zu stellen, doch dabei schwingt oft Angst vor weiteren Konsequenzen mit. Eine zittrige Stimme, das Vermeiden von Blickkontakt, eine passive Körpersprache mit beispielsweise hängenden Schultern oder gesenktem Kinn zeigen Unsicherheit. Das ermutigt den Täter umso mehr, seinen Weg fortzusetzen.

Du kennst das sicherlich: Wenn du von einer Sache wenig überzeugt bist, dann wird es dir viel schwerer fallen, andere dafür zu begeistern. Deine Körperhaltung und deine Stimme sind es vor allem, die dich »verraten«. Das Gleiche passiert, wenn du dich jener Person entgegenstellst, die dich in den letzten Tagen oder Wochen ständig beleidigt, vor anderen bloßgestellt oder sogar schon gestoßen oder getreten hat. Alles in dir möchte am liebsten weglaufen. Deshalb wirkst du wenig überzeugend, wenn du dich dem Mobber entgegenstellst, jedoch wenig bis gar nicht darauf vorbereitet hast. Wie eine richtige Vorbereitung aussieht, stellen wir dir später noch vor.

Jetzt werden die Angriffe direkter und manchmal sogar brutaler. Schüler werden in dieser Stufe körperlich angegriffen, vor der gesamten Schulklasse bloßgestellt, etwa durch heimlich gedrehte Videos auf der Toilette, durch diffamierende Gerüchte und vieles mehr. Außerhalb der Schule, etwa im Freundeskreis, kann so etwas auch vorkommen. Gerüchte werden verbreitet, bis hin zu offenen Anfeindungen.

Der Täter setzt nun auf eine öffentliche Wirkung, damit er möglichst viele Verbündete für »seine Sache« gewinnt. Meist entwickelt er in dieser Stufe eine Begründung für sein Verhalten, die als Rechtfertigung für seine Taten herhalten soll. Einen echten Grund gibt es nicht, denn Mobbing ist durch nichts zu rechtfertigen, doch mit dieser Scheinbegründung versucht er unbewusst, sich selbst als Helden darzustellen, der alle anderen beeindrucken möchte. Er entwickelt somit eine Art Mission, die sein Verhalten für Außenstehende nachvollziehbar werden lässt. Zumindest aus der Sicht des Täters.

Plötzlich ist dann der Mitschüler oder die Mitschülerin nicht mehr tragbar, weil er oder sie »der totale Streber« ist; der Mitschüler plötzlich seltsam oder in irgendeiner Form anders als der Rest in der Klasse ist, deswegen passt er nicht zu »uns« und muss weg. Das Ansehen der Clique wird durch das Verhalten des Mobbingopfers beschädigt und das darf nicht sein.

Diese Auswahl an Begründungen heben den Täter auf das Podest, das er sich selbst errichtet und er schafft es damit, nicht nur sein eigenes Gewissen – sofern vorhanden – zu beruhigen, sondern auch Unterstützer zu gewinnen.

Es gibt im Wesentlichen zwei Arten von Unterstützern: jene, die den Täter aus Unwissenheit in seinem Verhalten bestätigen und jene, die zu aktiven Mittätern werden. Die erste Gruppe unterstützt den Täter aus Überzeugung, ohne sich jedoch aktiv an den Taten zu beteiligen. Meist handelt es sich dabei um Personen aus seinem näheren Umfeld, also um Freunde in der Schule, Brüder, Schwestern oder andere enge Familienmitglieder. Es besteht dadurch ein gewisses Vertrauensverhältnis und seinen Behauptungen wird Glauben geschenkt.

Die Gruppe der Mittäter nutzt das bereits vorhandene Täter-Opfer-Verhältnis, um selbst zum Täter zu werden. Dies geschieht für die Mittäter relativ gefahrlos, weil sich durch die entstandene Tätergruppe der jeweils Einzelne darin verstecken kann. Man wird also zum Mobbingtäter, ohne dabei zu sehr im öffentlichen Fokus zu stehen. Diese Konstellation kommt ziemlich häufig vor, insbesondere bei sehr jungen Menschen und Jugendlichen.

Nach unserer Erfahrung nimmt die Gewalt gegen das Mobbingopfer bei einer Tätergruppe rasant an Intensität zu, da sich Täter und seine Mittäter in der zweiten Stufe gegenseitig unbewusst zu übertrumpfen versuchen und sich in der Begründung für ihr Verhalten immer wieder aufs Neue bestärken. Tätergruppen sind somit für Mobbingopfer besonders fatal.

Wenn der Angegriffene spätestens in dieser Stufe versäumt, gegen diese Angriffe entschieden vorzugehen, wird es für ihn fast unmöglich, das Mobbing zu verhindern, mit fatalen Folgen.

*Die dritte Stufe – Zerstörung des Opfers*

In der letzten Stufe des Mobbings eskaliert die Situation für das Mobbingopfer. Der Täter arbeitet nun daran, seinen inzwischen offensichtlichen Kontrahenten aus seinem Umfeld völlig zu entfernen. Das Ziel dabei besteht darin, das Opfer zu zerstören. Dies ist weniger im physischen Sinne gemeint, sondern es entsteht erst Befriedigung für den Täter bzw. die Tätergruppe, wenn der vermeintliche Gegner – der unter logischen Gesichtspunkten nie einer war – die finale Niederlage einstecken muss.

In dieser Stufe merkt schließlich das Umfeld – Familie, Lehrer etc. – das irgendetwas nicht stimmt. Die schulische Leistung nimmt ab, die betroffene Person zieht sich zurück, wird schweigsam, wirkt traurig und wenn sie nach ihrem Verhalten befragt wird, sagt sie darauf lediglich: »Alles ok.« Inzwischen sind einige Monate vergangen, seit Beginn des Mobbings und das Opfer ist inzwischen mental am Ende. Die betroffene Person wehrt sich nicht mehr gegen die Attacken, worauf der oder die Täter noch mehr aufdrehen. Das Umfeld – also Eltern bzw. Lehrkräfte – wiederum kennt die Hintergründe nicht, versucht möglicherweise sogar mit Druck etwas zu verändern. Lehrer suchen Gespräche mit den Eltern, weil die Leistung in der Schule nicht mehr stimmt. Zu Hause gibt es regelmäßige Ansagen. »Jetzt reiß dich zusammen, mit dir ist es ja total schlimm im Moment«, hört das Mobbingopfer beinahe täglich und zieht sich immer mehr zurück, weil es sich völlig unverstanden fühlt.

Den folgenden Abschnitt richten wir speziell an Lehrer, Eltern und Erziehungsberechtigte: Wenn Kinder in der Schule gemobbt werden, findet in dieser dritten Stufe häufig ein Schulwechsel als letzte Chance statt, um dieser Hölle zu entkommen. Meist wird er von rapiden abfallenden, schulischen Leistungen begleitet sowie einer Verhaltensänderung des Kindes im Schulalltag. Entweder, weil es sich völlig zurückzieht oder weil es Gewalt gegen sich selbst oder anderen – schwächeren – Mitschülern ausübt und dadurch selbst zum Täter wird. Kommt ein Schulwechsel nicht infrage, kann es für das Kind ein Martyrium bis zum Ende der Schulzeit bedeuten.

In solchen Fällen besteht eine große Suizidgefahr, die nicht zu unterschätzen ist. Das deutsche Ärzteblatt berichtete im Jahr 2020 im Rahmen einer Erhebung unter Schülern, dass sich rund 39 Prozent mit Suizidgedanken beschäftigen und immerhin sechs bis neun Prozent bereits einen Selbstmordversuch durchgeführt hatten.[3] Die Gründe dafür sind vielfältig und lassen sich nicht ausschließlich auf Mobbing zurückführen, trotzdem sollten diese Zahlen alle Eltern schulpflichtiger Kinder aufhorchen lassen.

## Die Täter-Checkliste – Wer für Mobbing besonders gefährdet ist

Obwohl jeder Mensch in das Visier eines Täters geraten und somit zum Mobbingopfer werden kann, gibt es bestimmte Menschen, die besonders gefährdet sind. Demnach besteht unserer Erfahrung nach die Gefahr von

---

3 www.aerzteblatt.de/archiv/213424/Suizidalitaet-im-Kindes-und-Jugendalter - besucht am 14.11.2021.

Mobbing besonders dann, wenn einer der folgenden Faktoren vorhanden ist:

- **Schüchternheit, Unsicherheit:** Introvertierte, sensible und verletzliche Menschen strahlen eine besondere Anziehungskraft für Mobbingtäter aus. Schließlich stellen sie ein leichtes Ziel dar, weil wenig Gegenwehr zu erwarten ist.

- **Körperliche Auffälligkeiten:** beispielsweise Übergewicht, aber auch besonders untergewichtige Personen, Stichwort: Bodyshaming.

- **Migranten aus sämtlichen Ländern:** Täter suchen sich insbesondere Randgruppen aus, da diesen Menschen ohnehin von vielen misstrauischer begegnet wird als Personen gleicher Nationalität. Die Gefahr steigt, je größer die Unterschiede in Sprache und Kultur sind.

- **Soziale Randgruppen:** Insbesondere Kinder, die aus einem ärmeren familiären Umfeld stammen, sind hier besonders gefährdet. Aber auch Menschen mit Weltanschauungen oder mit einer bestimmten religiösen Prägung, die aus dem typischen »Mainstream-Raster« fallen, werden besonders häufig Opfer von Mobbing-Attacken.

- **Hochbegabte Kinder bzw. besonders gute Schüler:** Diese werden häufig von ihren Mitschülern drangsaliert, da sie zum einen innerhalb ihrer Klasse besonders auffallen, zum anderen, weil sie Neid bei weniger begabten Schülern auslösen. Wenn diese Kinder zusätzlich schüchtern sind oder nur wenig Selbstvertrauen besitzen, ist Mobbing beinahe schon vorprogrammiert.

- **Menschen mit Handikap:** Leider sind Personen dieser Gruppe ebenfalls gefährdet. Dazu zählen neben körperlichen Handikaps auch Stotterer oder sonstige Sprachfehler und Menschen mit starker Sehschwäche, die durch ihre entsprechenden Augengläser auffallen.

- **Menschen mit augenscheinlichen Schwächen:** Dazu zählen Legastheniker ebenso wie der Arbeitskollege, der seine Aufgaben viel zu langsam erledigt (nicht aus Faulheit, sondern weil er eben länger als andere dafür benötigt). In der Schule sind es häufig jene Kinder, die sportliche Defizite aufweisen und dadurch in das Raster von Mobbern geraten.

- **Fehlende Gruppenzugehörigkeit:** Grundsätzlich sind alle Personen potenzielle Mobbingopfer, die sich in keine Gruppen einfügen und als Außenseiter gelten.

- **Langwierige oder einschneidende Erkrankungen:** Wir konnten im Laufe der Jahre immer wieder feststellen, dass insbesondere Menschen nach längeren Erkrankungen im Beruf häufiger in das Zentrum von Mobbing geraten. Vor allem dann, wenn sie danach nicht mehr voll erwerbstätig sind oder ihre Leistungsfähigkeit zumindest für einen gewissen Zeitraum hinweg eingeschränkt bleibt. Insgesamt sind sämtliche Formen von Schwächen Teil der Täter-Checkliste.

- **Sich selbst klein oder lächerlich machen:** Menschen, die sich selbst immer wieder ins Zentrum von negativen Ereignissen bringen – Aussagen, wie: »Ich weiß, ich bin so ungeschickt« – fallen ebenfalls in die Täter-Checkliste.

- **Freunde und Beschützer von potenziellen Mobbingopfern:** Freunde von Außenseitern beispielsweise werden mitunter auch zu Opfern, vor allem dann, wenn sie als Beschützer auftreten.

Das bedeutet, bei diesen Personen solltest du entweder ein wenig mehr darauf achten, ob es irgendjemand oder eine Gruppe von Mitschülern sie abgesehen haben. Wenn du dich selbst in einer dieser Gruppe wiederfindest und vielleicht sogar in der Vergangenheit mal das Gefühl gehabt haben solltest, dass man dich etwas zu oft angegriffen hat, dann lies dir unbedingt den Teil im Buch durch, der dir Tipps gibt, was du selbst dagegen unternehmen kannst.

Wir haben im Laufe der Jahre eines festgestellt: Je selbstbewusster du auftrittst, umso geringer ist die Gefahr, in das Raster eines Mobbingtäters zu gelangen. Auch darauf gehen wir etwas später noch ausführlicher ein.

## Auch Lehrer können Mobbingopfer werden

Mobbing kann alle treffen. Jede und jeder kann zum Opfer werden. Die Täter werden immer rücksichtsloser und machen irgendwann vor niemandem mehr halt. Selbst vor Lehrerinnen und Lehrern nicht. Auch hier haben die Täter schnell ein Gefühl dafür, wer ein gutes Angriffsziel bietet. Und oft ziehen schnell viele andere mit und werden zu Mitläufern oder Mittätern.

Häufig trifft es gerade Lehrerinnen und Lehrer, die es besonders gut meinen. Sie sind vielleicht nicht so streng und möchten ein gutes Verhältnis zu ihrer Klasse haben. Manchmal nutzen das die Täter schamlos aus und bald macht die halbe Klasse mit. Mobbing kann verführerisch sein. Gerade fand man den Lehrer oder die Lehrerin noch ganz nett, doch schon ist man selbst dabei und macht ihnen das Leben schwer. In einem Fall wurde ein Lehrer Opfer von Cybermobbing. Er bekam hunderte E-Mails von einer Gruppe von Schülern, anonym natürlich, und wurde darin teilweise heftig beschimpft und bedroht.

Manchmal kommt es sogar gegenüber Lehrerinnen und Lehrern zu körperlicher Gewalt. Egal, ob körperlich oder psychisch – auch ihnen bleibt oft nichts anderes übrig, als die Schule zu wechseln.

## Du kannst etwas tun

Egal, ob du Mobbing in deinem Umfeld beobachtest oder ob du selbst Opfer bist beziehungsweise werden könntest: Du kannst etwas tun. Die Täter brauchen klare Grenzen und deutliche Ansagen!

Das Wichtigste für die Opfer ist zunächst, dass sie nicht allein sind. Sie brauchen Menschen, denen sie sich anvertrauen können und die ihnen glauben. Das ist oft ein Problem. Nicht immer nehmen es zum Beispiel die Eltern sofort ernst, wenn ihre Kinder erzählen, dass sie sich bedroht fühlen, eingeschüchtert oder vielleicht sogar bestohlen wurden. Schnell wird so etwas als harmlose Rangelei auf dem Schulhof oder Schusseligkeit abgetan.

Das Gefährliche ist: Wenn die Kinder sich einmal nicht verstanden fühlen, fällt es ihnen danach immer schwerer, das Gespräch mit den Eltern zu suchen. Trotzdem sollten sie es tun. Wenn du selbst nicht betroffen bist, aber anderen Betroffenen helfen möchtest, kannst du sie vielleicht sogar zu einem Gespräch mit den Eltern begleiten und ihnen den Rücken stärken.

Ganz wichtig ist Selbstbewusstsein. Mobbingopfer haben meist ein schwaches Selbstvertrauen. Sobald sie beginnen, selbstbewusst aufzutreten, lassen die Täter von ihnen ab. Das lässt sich lernen, aber es braucht einige Zeit. Außerdem braucht es Verbündete, die die Betroffenen auf ihrem Weg aus der Mobbingfalle begleiten.

## Wo Betroffene Hilfe finden

Mobbing endet nicht von heute auf morgen. Je früher du etwas unternimmst, desto größer sind die Chancen, wieder zurück in ein selbstbestimmtes, zufriedenes Leben und raus aus der Opferrolle zu finden.

Der erste Schritt besteht darin, Verbündete zu finden in Menschen, denen du vertrauen kannst. Das sind in den meisten Fällen zunächst die Eltern. Auch wenn du dich vielleicht nicht immer von ihnen verstanden fühlst oder wenn es dir schwerfällt, sich ihnen anzuvertrauen – Eltern wollen grundsätzlich immer nur das Beste für ihre Kinder. Und ganz bestimmt wollen sie ihre Kinder nicht leiden sehen. Sprich mit ihnen, auch wenn es dir zunächst einmal vielleicht schwerfällt. Sag ihnen, dass sie dir bitte zuhören sollen.

Vielleicht hast du ja auch andere in der Familie, denen du besonders vertraust. Großeltern, eine Tante oder einen Onkel, Geschwister oder eine ältere Cousine oder Cousin. Wichtig ist, dass du erst einmal ins Reden kommst und nicht allein bleibst mit deinen Ängsten und Sorgen.

Auch in der Schule kann es Hilfe geben. Die Klassenlehrerin, ein Vertrauenslehrer oder vielleicht auch eine andere Lehrerin oder ein Lehrer, zu denen du einen guten Draht hast, können eine erste Anlaufstelle sein. Auch hier darfst du deinem Gefühl vertrauen, wer dir als der oder die Richtige erscheint.

Möglicherweise gibt es auch Mitschülerinnen oder einen Mitschüler, die beim Mobbing nicht mitmachen und die du ganz nett findest. Wenn du dich traust, sprich sie ruhig an. Vielleicht sind sie mutig genug, sich auf deine Seite zu stellen. Aber Vorsicht: Viele haben Angst vor den Tätern.

Allein werdet ihr es wahrscheinlich nicht schaffen. Es braucht die Hilfe von Erwachsenen. Das gilt auch, wenn das Mobbing außerhalb der Schule stattfindet. Sich Hilfe zu holen, hat nichts mit »Petzen« zu tun. Es gibt keinen Grund, die Täter zu schützen, wenn du oder andere unter ihnen leiden müssen.

## Selbstbewusstsein entwickeln

Wir haben es schon erwähnt: Ein starkes Selbstbewusstsein macht stark gegen Mobbing. Aber was, wenn du gar nicht selbstbewusst bist oder glaubst, es nicht zu sein? Du kannst es lernen, Schritt für Schritt.

Am besten fängst du erst einmal damit an, dir bewusst zu machen, was du besonders gut kannst. Du kannst auch andere fragen, worin sie deine Stärken sehen. Das kann jemand aus der Familie sein, ein Freund oder eine Freundin, vielleicht auch eine Lehrerin oder ein Lehrer, mit denen du dich gut verstehst.

Wichtig ist auch, ein gutes Gefühl für deinen Körper zu haben. Das entwickelst du am besten durch Bewegung: Sport, Klettern, Radfahren, Tanzen – irgendetwas, was dir Freude bereitet. Übrigens werden gerade Mobbingopfer oft viel selbstbewusster, wenn sie Selbstverteidigung, Kampfkunst oder einen Kampfsport erlernen. Ganz nebenbei hilft es ihnen mit etwas Ausdauer und Übung auch, sich zu wehren und selbst den Tätern Grenzen zu setzen. Das heißt nicht, dass man sich ständig prügeln muss. Es reicht, wenn die anderen verstehen, dass du dir nichts gefallen lässt.

Auch in Anti-Mobbing-Kursen geht es viel darum, ein stärkeres Selbstbewusstsein zu entwickeln. Das geht nicht von einem Tag auf den anderen. Alles, was wächst, braucht Zeit. Wenn du anfängst, an deinem Selbstbewusstsein zu arbeiten, wird es nach und nach wachsen. Mit der Zeit wirst du feststellen, dass du dich dadurch nicht nur besser gegen Mobbing wehren kannst, sondern dass du auch viel mehr Freude am Leben bekommst. Also, fang am besten heute damit an. Es lohnt sich!

»Mir fällt da nie eine Antwort ein. Ich meine, in diesem Moment. Erst etwas später kommen mir viele Ideen, was ich hätte sagen können, aber dann ist ja alles schon vorbei«, erzählte uns eine Schülerin nach einem Vortrag in einer Klasse in der achten Schulstufe. Nennen wir sie mal Sibylle. Sie sagte uns, dass sie seit der zweiten Klasse immer wieder zum Mobbingopfer wurde. Damals schikanierten sie die anderen Kinder in ihrer Klasse wegen ihrer leicht abstehenden Ohren. Als sie auf das Gymnasium wechselte, fiel sie wegen ihrer hervorragenden Leistungen auf und damit begannen die Beleidigungen. Verbale Angriffe lagen an der Tagesordnung, wie sie uns erzählte, und irgendwann kam körperliche Gewalt hinzu. An einem Tag wurde sie von drei Mitschülerinnen in der Toilette umstellt.

Sie lachten Sibylle aus, dann bekam Sibylle einen Stoß und fiel gegen eines der Waschbecken. Jetzt griffen alle drei das Mädchen an, zogen ihr an den Haaren, schlugen sie. Ihre Eltern zogen aus beruflichen Gründen um und sie kam erst vor kurzem an diese Schule, wo Marcell und Martin ihren Vortrag hielten und aktuell schien noch alles ruhig zu sein.

*Das Auftreten – nonverbale Kommunikation*

»Ich möchte kein Opfer mehr sein, sondern in Zukunft schlagfertig reagieren können, wenn mir jemand mit einem blöden Spruch kommt«, sagte Sibylle und während sie mit uns sprach, zog sie ihre Schultern hoch, vergrub beide Hände unter dem Tisch und wagte kaum, nach oben zu blicken.

Sibylles Geschichte ist – ebenso, wie ihr Verhalten – typisch für viele Mobbingopfer. Zunächst einmal sah sie sich immer wieder seelischer und körperlicher Gewalt ausgesetzt, ganz gleich, wie oft sie ihren Wohnort wechselte und welchem Umfeld sie sich aussetzte. Wir erleben es häufig, dass Menschen, die in der Schule Mobbing ausgesetzt waren, später im Berufsleben erneut diese Erfahrung machten. Viele werden dann sogar im persönlichen Umfeld immer wieder Opfer von Gewalt. In diesem Fall ist es dann oftmals der eigene Lebenspartner, der zum Täter wird.

Menschen wie Sibylle hoffen darauf, ihrem Schicksal mit einigen wenigen Techniken entrinnen zu können. Sie wollen Kommunikationstechniken lernen, um ihren Peinigern etwas entgegensetzen zu können. Sie hoffen, mit einigen wenigen Tricks ihr Leben fundamental zu verändern. Dummerweise funktioniert so etwas in den allermeisten Fällen nicht.

Uns ist jedenfalls kein einziger Fall bekannt, in dem sich ein Opfer aus seiner Situation befreien konnte, nachdem es lediglich seine Schlagfertigkeit verbesserte. Der Grund dafür ist fehlende Übereinstimmung im Verhalten. Solange sich das Auftreten – also das nonverbale Verhalten – in Kombination mit einer selbstbewusst klingenden Stimme sowie der passenden verbalen Kommunikation und der richtigen inneren Einstellung nicht im Einklang befinden, wird sich niemand, der zur Zielscheibe eines Mobbers wurde, aus diesem Teufelskreis von Gewalt befreien können.

Nach unserer Erfahrung versuchen Mobbingopfer immer so unauffällig wie möglich zu wirken, sie machen sich buchstäblich unsichtbar. Dadurch hoffen sie, für ihren Angreifer – wie bereits beschrieben – uninteressant zu werden, doch das Gegenteil ist der Fall. Außerdem haben sie Angst vor der Konsequenz, wenn sie sich gegen ihren Peiniger stellen.

Da es sich bei den Tätern meist um körperlich überlegene Personen bzw. um Menschen mit Macht und Einfluss handelt, ist die Gefahr in den Augen der Opfer besonders groß, noch mehr Schaden als bereits vorhanden, davonzutragen. Es ist jedoch ihr unsicheres, schüchternes, wenig selbstbewusste Verhalten, durch das sie überhaupt ins Visier geraten.

Das Auftreten einer Person ist der entscheidende Faktor, ob sie zur Zielscheibe von Mobbing wird. Eine aufrechte Haltung, extrovertierte Körpersprache, eine gerade Kinnhaltung und Blickkontakt stellen dabei die wichtigsten Kriterien dar. Demgegenüber zeigen hängende Schultern, ein gesenkter Kopf sowie eng am Körper anliegende Arme und Hände Unsicherheit und ziehen Mobber an, wie das Licht die Mücken. Täter suchen sich normalerweise scheinbar leichte Opfer aus und je unsicherer eine Person wirkt, umso höher ist das Risiko, in den Fokus zu geraten.

Die Körpersprache zählt nach unserer Erfahrung zu den wichtigsten Aspekten, die typische Mobbingopfer von anderen unterscheidet. Vor allem ein selbstbewusstes bis hin zu einem dominanten Auftreten schreckt mögliche Täter von vorneherein eher ab, da sie auf leichte Beute aus sind. Da nämlich ein entschiedenes Auftreten auf einen möglicherweise gleichwertigen Gegner hindeutet, nehmen diese Hürde nur wenige Mobber auf sich.

Es genügt jedoch nicht, sich breitbeinig und mit in die Hüfte gestützten Armen zu präsentieren, um dem Opferkreislauf zu entfliehen. Wenn nämlich die innere Einstellung dazu fehlt, wirkt jegliche offen zur Schau getragene Dominanz lediglich wie ein verzweifelter Versuch, mehr nicht.

*Die Stimme und die verbale Kommunikation*

Bevor wir uns der inneren Einstellung widmen, noch ein paar Worte zum verbalen Ausdruck. Dieser besteht aus zwei Bereichen: der Stimme und dem Inhalt der Botschaft.

Es kommt also darauf an, was und vor allem wie wir etwas sagen.

Unsichere Menschen sprechen leise, neigen zu einer zittrigen Stimme und sie verstummen viel schneller als selbstbewusste Personen. Vor allem jedoch fällt bei ihnen die Tonhöhe am Ende eines Satzes viel öfter ab, als es bei Menschen mit gesundem Selbstvertrauen der Fall ist.

Übrigens hängen die Körperhaltung und die Stimmlage eng zusammen. Wenn du eine unsichere Körpersprache einnimmst, sprichst du automatisch leiser und weniger ausdrucksstark. Beispielsweise könntest du deine Schultern hängenlassen, das Kinn senken und die Arme sowie Beine nah zueinander bringen. Dann zitiere bitte die folgende Textpassage von Martin Luther Kings berühmter Rede:

*»Ich habe einen Traum, dass eines Tages auf den roten Hügeln von Georgia die Söhne früherer Sklaven und die Söhne früherer Sklavenhalter miteinander am Tisch der Brüderlichkeit sitzen können.*
*Ich habe einen Traum, dass sich eines Tages selbst der Staat Mississippi, ein Staat, der in der Hitze der Ungerechtigkeit und Unterdrückung verschmachtet, in eine Oase der Gerechtigkeit verwandelt.*
*Ich habe einen Traum, dass meine vier kleinen Kinder eines Tages in einer Nation leben werden, in der man sie nicht nach ihrer Hautfarbe, sondern nach ihrem Charakter beurteilen wird.«*[4]

---

4 Quelle: www.deutschlandfunk.de/todestag-von-martin-luther-king-seine-botschaft-ist.1773.de.html?dram:article_id=383006 - besucht am 12.11.2021.

Ist es dir gelungen, die Worte überzeugend vorzutragen? Was meinst du, hättest du auf diese Weise bei deinem – imaginären – Publikum Begeisterung ausgelöst? Vermutlich nicht.

Nimm jetzt eine hüft- bis schulterbreite Beinhaltung ein, hebe dein Kinn an und breite deine Arme etwas vom Körper weg, als würdest du eine große Menge Menschen begrüßen. Trage nun diesen Text bitte nochmals vor.

Du wirst garantiert feststellen, dass beim zweiten Versuch die Worte dynamischer, ausdrucksstärker wirken. Deine Körperhaltung bestimmt ganz stark, wie deine Worte auf andere wirken. Sie wirkt sich sogar auf die Stimme selbst aus. Das bedeutet, nur mit der passenden Körperhaltung wirst du selbstsicher wirken können. Zusätzlich solltest du dir bewusst sein, eine klare Stimme, die in erster Linie Ruhe vermittelt, zeigt von Selbstbewusstsein. Vor allem dann, wenn du kurze Sätze formulierst, also Schachtelsätze vermeidest. Schnelles, hektisches Reden zeugt von Nervosität. Profis trainieren sich zusätzlich eine tiefere Stimmlage an und sie setzen kurze Sprechpausen ein, um ihren Worten Bedeutung zu verleihen. Diese Strategie hilft jedem, der Grenzen aufzeigen möchte, denn er drückt damit aus: »Bis hierher und nicht weiter.«

Neben dem Einsatz deiner Stimme kommt es darauf an, was du sagst. Es existieren unzählige Gesprächsleitfäden und darauf einzugehen, würde den Rahmen dieses Ratgebers sprengen. Achte vor allem darauf, auf Weichmacher und Verniedlichungen zu verzichten, wenn du andere in ihre Schranken verweisen möchtest. Worte, wie *eigentlich*, *eventuell*, *vielleicht*, *ein bisschen*, *ein wenig* und sämtliche Konjunktive – also *dürfte*, *würde*, *könnte* etc. – lassen dich unsicher wirken. Verzichte deshalb unbedingt darauf. Statt: »Würdest du mich vielleicht in Ruhe lassen?« solltest du besser sagen: »Lass mich in Ruhe!«

Vermeide es außerdem, dich ständig zu entschuldigen und vermeide die Floskel: »Das tut mir leid« und überhaupt das Wort »Leider«. Damit schwächst du dich und du hebst den Täter gleichzeitig in eine dominante Position, die ihn in seinem Handeln weiter bestärkt.

All das wird dir jedoch nur gelingen, wenn es deine mentale Haltung erlaubt, klar, konkret und entschieden zu argumentieren. Es ist völlig normal in Stresssituationen Angst zu empfinden, keine Frage. Mobbingopfer verspüren jedoch eine regelrecht lähmende Angst und diese solltest du unbedingt vermeiden. Das gelingt dir am besten mit den Techniken, die du jetzt kennengelernt hast. Jetzt heißt es für dich: üben, üben, üben.

*Die innere Einstellung*

Wie du garantiert schon erkannt hast, nützen sämtliche Techniken so gut wie nichts, wenn deiner inneren Haltung die Bereitschaft fehlt, sich dem Mobber entgegenzustellen. Wir alle besitzen einen Überlebensinstinkt, der uns durch brenzlige Situationen dirigiert. Insbesondere dafür verantwortlich ist in unserem Gehirn das limbische System, das sich zwischen dem Neocortex und dem Hirnstamm befindet und zu den entwicklungsgeschichtlich ältesten Hirnregionen zählt. Dort wird die Entscheidung getroffen, ob wir bei Gefahr angreifen, weglaufen oder uns totstellen.

Der Mobbingtäter sucht sich bevorzugt »leichte« Opfer aus, also Menschen, die ohnehin lediglich ein geringes Selbstwertgefühl besitzen und durch Schüchternheit oder Introvertiertheit auffallen. Der Mobber möchte vor allem eines: Aufmerksamkeit. Durch seine Taten erreicht er genau diese in seinem Umfeld, da er alles meist öffentlich wirksam inszeniert, um möglichst viele Menschen um sich herum damit erreichen zu können. Da ist der Schüler, der sein Opfer in der Klasse unter lautem Gejohle der Mitschüler gegen die Wand stößt. Oder der vermeintliche Kumpel in der Clique, der nicht müde wird, im Freundeskreis Gerüchte über das Mobbingopfer zu verbreiten.

Menschen mit geringem Selbstwertgefühl versuchen, diesen Situationen durch Fluchtverhalten zu entkommen oder sie reagieren überhaupt nicht und hoffen, dadurch für den Angreifer »unsichtbar« zu werden. Das funktioniert jedoch nicht, denn damit wird sein Spiel noch leichter und der Täter bekommt möglicherweise sogar eine noch größere Aufmerksamkeit.

Aus diesem Grund ist Angriff bei Mobbing die beste Strategie. Es bedarf jedoch Mut, um derartigen Angriffen entgegenzutreten und genau hier tritt ein Aspekt auf, den wir bei den meisten Mobbingopfern feststellen konnten. Angst ist eine natürliche Reaktion auf für uns bedrohliche Situationen, deren Ausgang wir nicht abschätzen können.

Viele Mobbingopfer empfinden jedoch eine lähmende Angst, die sämtliche Reaktionsmöglichkeiten unterbindet. Durch das geringe Selbstwertgefühl steigt die empfundene Ausweglosigkeit aus dieser Situation enorm an und diese wirkt geradezu paralysierend.

Der wichtigste Faktor ist daher, das eigene Selbstwertgefühl zu steigern. Sich seines Wertes, seiner persönlichen Fähigkeiten und Stärken bewusst zu werden, ist die wichtigste Voraussetzung, um sich gegen seinen Gegner künftig behaupten zu können. Mehr noch: Wenn du dein Selbstwertgefühl erhöhst, sinkt gleichzeitig das Risiko, in Zukunft zum Mobbingopfer zu werden.

Die richtige innere Einstellung ist daher der Schlüssel zur Abwehr sowie zur Vermeidung von Mobbing. Erst wenn die passende mentale Haltung vorhanden ist, kannst du mit verbaler und nonverbaler Kommunikation die passenden Mittel einsetzen, um dich aus dem Klammergriff des Täters zu befreien.

## Wie du Mobbing vermeidest

Wie erreichst du eine gesunde mentale Einstellung, die dir diese lähmende Angst nimmt und daher mehr Handlungsspielraum ermöglicht?

Wir erhöhen unseren Selbstwert nur dann, wenn wir uns unserer eigenen Fähigkeiten und Stärken bewusst werden. Ein weiterer Aspekt ist dabei unser gesellschaftlicher Wert. Dahinter steckt die Frage, welche Position wir in unserem sozialen Umfeld einnehmen können, kurzum: Welchen Wert stellen wir für die Menschen um uns herum dar? Dieser Frage solltest du dich in erster Linie widmen. Am besten, du notierst alle deine Fähigkeiten und Stärken, die dir spontan einfallen. Anschließend nimm dir bitte zusätzliche 30 Minuten Zeit und schreibe zehn weitere Punkte auf.

Warum dieser zusätzliche Schritt? Weil wir sehr schnell jene Fähigkeiten und Stärken erfassen können, die für uns an der Oberfläche liegen, doch die wirklich entscheidenden Punkte fallen uns erst nach einiger Zeit des Nachdenkens ein. Denke dabei an Themen wie Nächstenliebe, soziales Engagement oder Begeisterungsfähigkeit. Berücksichtige deine Hobbys oder private Interessen und welche Stärken sowie Fähigkeiten du dafür nutzt, um diesen Beschäftigungen nachzugehen. Du liebst Computerspiele? Wunderbar, dann liegen deine Stärken vermutlich in deiner Auffassungsgabe, Reaktionsgeschwindigkeit und möglicherweise im Teamgeist, sofern du deine Zeit Onlinespielen widmest. Du siehst also, jeder Mensch verfügt über ausreichende Fähigkeiten und Stärken, um seinen Platz innerhalb der Gesellschaft zu finden. Jede Person auf diesem Planeten hat genügend Gründe für ein gesundes Selbstwertgefühl.

Ein weiterer Schritt gegen Mobbing liegt in unserer angeborenen Fähigkeit, sich zu verteidigen. Dabei ist es egal, wie groß oder klein, stark oder schwach, also in welchem Körper man geboren wurde. Selbstverteidigung liegt in unseren Genen und jeder – auch du – kann diese Fähigkeiten aktivieren. Ja, wir empfehlen dir, einen

Selbstverteidigungskurs zu absolvieren. Als Kampfsporttrainer konnte ich[5] einige tausende Frauen, Männern und Kindern dabei unterstützen, ein vollkommen neues Selbstbewusstsein zu entwickeln. Ein Selbstbewusstsein, das auf einem gesunden Selbstwertgefühl aufbaut.

In einem Selbstverteidigungskurs – oder beim Kampfsporttraining – geht es weder darum, sich in erster Linie zu zweit brüllend auf dem Boden rumzuwälzen noch den anderen mit Schlägen und Tritten in die nächstgelegene Rehaklinik zu schicken. Professionelle Selbstverteidigungs- und Kampfsportschulen bieten den Aufbau körperlicher und geistiger Fitness an und diese wird durch Übungseinheiten erzielt, die einem dabei helfen, sich in Notsituationen körperlich verteidigen zu können. Oder zumindest eine realistische Chance zu besitzen, sich zu wehren.

Ich erlebe in meinen Kampfsportschulen regelmäßig, wie sich selbst kleine, zierliche Personen gegen weitaus kräftigere Gegner durchsetzen und diese Botschaft halte ich für besonders wichtig: Technik schlägt Kraft. Hier ist es unerheblich, ob es darum geht, sich körperlich oder verbal durchzusetzen. Beides lässt sich erlernen, geistige wie körperliche Selbstverteidigung.

Vor einigen Jahren kam ein Schüler mit seinen Eltern zu mir in die Kampfsportschule. Er trug eine Brille, lächelte mich schüchtern an und sein Aussehen erinnerte mich entfernt an den Jungen aus dem Film *Kevin – allein zu Haus*. Die Eltern erzählten mir, dass er seit einigen Wochen von

5 Martin

einem Schüler aus der nächsthöheren Klasse, der siebten Schulstufe, drangsaliert wurde. Es begann mit Hänseleien auf dem Schulhof und vor wenigen Tagen kam es zu ersten körperlichen Übergriffen. Thomas, so der Name des Jungen, der sich halb hinter seinen Eltern versteckte, wurde in die Ecke gedrängt, mit einem Lineal geschlagen und seine Brille wurde zu Boden geworfen. Die Klebestelle am Brillengestell zwischen den beiden Gläsern fiel mir schon gleich bei unserer Begrüßung auf.

Der schmächtige Junge begann im Mai mit dem Training. Etwa drei Wochen später kam er in unseren Kurs und erzählte mir, dass es erneut einen Zwischenfall gab. Dieser ältere Junge stänkerte mal wieder, Thomas wehrte sich und nannte seinen Widersacher spontan »Lappen«, woraufhin er sich einen leichten Schlag einfing. Thomas fiel hin und wusste sich nicht zu helfen. Ein Rückschlag, der ihm sichtlich zusetzte. Dann kamen die Sommerferien und er trainierte in dieser Zeit so oft er konnte. Inzwischen konnte man die Veränderung im Auftreten des Jungen erkennen. Er bewegte sich selbstbewusster, scherzte mit anderen Trainingskollegen in seiner Gruppe, nahm sofort Blickkontakt auf, wenn er angesprochen wurde. Auch seine Fertigkeiten als Kampfsportler verbesserten sich nun von Woche zu Woche.

Wie es das Schicksal so wollte, gab es bereits in der ersten Woche nach den Ferien einen erneuten Zwischenfall. In einer Pause griff »Lappen« – wie er inzwischen von Thomas ständig genannt wurde – den zierlichen Jungen unvermittelt an. Er schlug im Vorbeigehen gegen seine Hand und nur mit Mühe konnte Thomas verhindern, dass sein Telefon zu Boden fiel. Es bildete sich schnell eine Traube um die beiden Kontrahenten. »Lappen« versuchte ihn wegzustoßen, doch Thomas wich aus. Dann schlug der ältere Junge zu, wie mir mein Schüler erzählte, doch er wehrte den Angriff ab. Thomas sagte, er fing an zu lachen, konnte es nicht verhindern und bald lachten auch viele der Schüler, die um die beiden herumstanden. Immer wieder versuchte »Lappen« einen Treffer zu landen, doch ohne Erfolg. Thomas konnte alle Schläge entweder abwehren oder ihnen geschickt ausweichen. Schließlich gab »Lappen« sein Vorhaben auf und verzog sich laut fluchend. Seitdem hatte dieser schmächtige Junge Ruhe – vor »Lappen« und allen anderen Mitschülern.

Dieses Beispiel zeigt auf, wie nachhaltig Kampfsporttraining wirkt und es macht gleichzeitig auch deutlich, dass eine Veränderung in der mentalen Einstellung nicht von heute auf morgen stattfindet. Es benötigt eine gewisse Zeit, wirkt jedoch nachhaltig. Mobbing lässt sich am besten vermeiden, wenn man die richtige Einstellung entwickelt und dabei auf ein klares, selbstbewusstes Auftreten achtet. Bei einer Konfrontation gilt es, dem Gegner entschieden entgegenzutreten, mit einer dominanten Körpersprache, einer sicheren Stimme und einer verbalen Aufforderung, die den Täter in die Schranken verweist.

Eine dominante Körpersprache erreichst du beispielsweise durch

- eine leicht erhöhte Kinnhaltung,
- ein zumindest hüftbreiter Stand,
- mit den Armen und Händen Raum einnehmen; beispielsweise Hände in die Hüften stemmen oder Hände etwa schulterbreit ausbreiten und
- sichere, langsame Bewegungen ausführen; hektische Bewegungen vermitteln Unsicherheit.

Eine sichere Stimme erzielst du durch

- langsames Sprechen,
- kurze Sätze und
- immer wieder kurze Pausen – Unterbrecher – setzen, damit deine Worte mehr Wirkung erreichen.

Als verbale Aufforderung eignet sich insbesondere, eine klare Anweisung zu erteilen. Beispielsweise: »Hör auf damit, mich zu stoßen.« In manchen Fällen genügt diese Aufforderung nicht, sondern benötigt Nachdruck. Welche Konsequenzen gibt es, wenn sich der Mobber nicht daran hält? Hier solltest du dich entsprechend vorbereiten und diese Konsequenzen ansprechen.

## Wie du bei ersten Anzeichen von Mobbing vorgehen solltest

Sobald sich das Verhalten eines anderen dir gegenüber weder normal noch akzeptabel anfühlt, kann bereits ein beginnendes Mobbing dahinterstecken. Vor allem dann, wenn sich dieses Verhalten an mehreren Tagen wiederholt. In jedem Fall solltest du deine Beobachtung öffentlich machen, und zwar so früh wie möglich. Das bedeutet: Sprich mit deinen Eltern darüber oder mit einer Lehrkraft, der du vertraust. Mach das, selbst wenn es sich für dich komisch anfühlt. Es gibt viele wissenschaftliche Untersuchungen, die zeigen, dass sich Mobbing verhindern lässt, wenn früh dagegen vorgegangen wird.

Jede erwachsene Person, die von Mobbingerlebnissen eines Kindes oder einer jugendlichen Person erfährt, sollte diese Berichte unbedingt ernst nehmen. Selbst wenn diese noch so vage angesprochen werden, denn dahinter steckt in den meisten Fällen ein belastendes Ergebnis und viele junge Menschen haben schlicht einfach Angst, nicht ernstgenommen zu werden.

Wenn erwachsene Personen von Mobbingerlebnissen erfahren, bedeutet das einen großen Vertrauensvorschuss und dieser sollte unbedingt (!) ernstgenommen werden. Am besten nimmst du dieses Buch zu deinem Gespräch mit und zeigst deiner Vertrauensperson genau diese Buchseite!

Jetzt wenden wir uns für einen kurzen Moment an die Eltern, Großeltern, Lehrkräfte und andere erwachsene Vertrauenspersonen, weil es so wichtig ist:

Wenn Ihnen Ihr Kind (oder: ein Kind, Ihr Enkel etc.) von Erlebnissen berichtet, die zu den bereits beschriebenen Mobbinganzeichen zählen – auch wenn sie noch so lapidar klingen sollten – nehmen Sie dieses Gespräch unbedingt ernst und schenken Sie diesem jungen Menschen volle Aufmerksamkeit. Die Chance, dass sich dieses Kind Ihnen gegenüber öffnet, bekommen Sie so schnell nicht wieder.

Liebe Eltern, falls Sie von mehreren Attacken gegen Ihr Kind erfahren, suchen Sie so schnell wie möglich die verantwortliche Lehrerschaft auf – meist der Klassenlehrer – und vereinbaren Sie idealerweise auch gleich einen Gesprächstermin mit der Schuldirektion. Wenn man versuchen sollte, Sie mit Floskeln abzuweisen – beispielsweise: »Das sind halt Kinder« -, dann halten Sie das Gespräch schriftlich fest, etwa in Form einer E-Mail, die Sie an den Lehrer und an die Direktion schicken. Mobbing ist an jeder Schule ein ernstzunehmendes Thema, sofern es als solches erkannt wird. Ein schriftliches Gesprächsprotokoll hilft außerdem, bereits geführte Gespräche komplett in Erinnerung zu behalten, falls die Lage für Kind weiter eskalieren sollte. Sie können sich dann an die Schulbehörde wenden, falls sich die Lehrerschaft über einen längeren

Zeitraum hinweg uneinsichtig zeigt und Ihre Gespräche im Sand verlaufen.

Bedenken Sie bitte, je früher Sie reagieren, umso größer ist die Wahrscheinlichkeit, Mobbing abzuwenden.

## Mutig gegen Mobbing

Liebe junge Leserin und junger Leser, wir sind jetzt wieder unter uns. Sei dir bitte immer bewusst, Mobbing ist kein Spaß! Es kann Leben zerstören und hinterlässt tiefe Narben in der Seele. Betroffene brauchen Hilfe. Die wenigsten schaffen es allein.

Wenn du in deiner Klasse, an deiner Schule oder in deiner Freizeit Anzeichen von Mobbing erkennst, schau bitte genau hin. Vielleicht braucht gerade jemand Hilfe und vielleicht kommt es dabei genau auf dich an.

Bleib weiter mutig. Die Täter sind feige, auch wenn sie vielleicht versuchen, dich einzuschüchtern. Mobbing ist nicht cool. Du brauchst nicht mitzumachen, um dazuzugehören. Sei mutig, unternimm etwas. Grenze dich von den Tätern ab. Bald werden dir andere folgen. Das ist cool. Zeig Zivilcourage!

Und jetzt wünschen wir dir viel Spannung beim Lesen der Geschichten von Sara und Moritz – falls du sie noch nicht gelesen hast. Sie werden dir helfen, Mobbing besser zu verstehen, und dir zeigen, wie du dich wehren und andere schützen kannst.

# Ich heiße Sara!

»Auaaa, Mama, nicht so feste!«, sage ich. »Deine Haare müssen halt ab und zu mal kräftig durchgebürstet werden, sonst bekommst du die gar nicht mehr in Form«, erwidert Mama daraufhin. Mama spricht Tigrinya, wie sie es früher in Eritrea gesprochen hat. Sie tut sich schwer mit Deutsch, auch wenn sie sich bemüht. Ich hingegen spreche lieber Deutsch und wünsche mir manchmal, dass wir beide mehr Deutsch miteinander reden würden. In Eritrea bin ich noch nie gewesen, geboren und aufgewachsen bin ich hier in Deutschland. Fast alle Menschen, die ich kenne, sprechen Deutsch.

»Geh doch zurück nach Afrika, wo du hergekommen bist«, hat Nele mir letztens auf dem Schulweg hinterhergerufen. Dabei habe ich mein ganzes Leben in Deutschland verbracht. Ich kenne es gar nicht anders. Trotzdem werde ich immer wieder gefragt, wo ich herkomme. Ich hasse die Frage. Woher wohl? Na, aus Deutschland natürlich. Warum verstehen die anderen das nicht?

Es ist Sonntag. Da hat Mama meistens etwas Zeit. Die anderen Tage arbeitet sie als Näherin in einer Änderungsschneiderei. Abends essen wir dann noch zusammen, danach ist sie immer müde. Sie sagt, sie vermisst ihre Heimat. Aber dort ist es nicht sicher.

Papa ist vor der Armee geflohen und hat Mama und Tante Martha später zu sich nach Deutschland geholt. Wo er jetzt ist, weiß ich nicht. »Papa hat sich in Deutschland nicht gut zurechtgefunden«, sagt Mama immer. Er hat die Familie verlassen, als ich noch ganz klein war. Ich kann mich kaum noch an ihn erinnern, trotzdem vermisse ich ihn. Wo er jetzt wohl sein mag?

Der Sonntag mit Mama ist immer schön. Manchmal backt sie Kuchen und gelegentlich kommt Tante Martha zu Besuch. Letztens hat sie mir einen Farbkasten mitgebracht. 24 Farben! Dazu verschiedene Pinsel, auch ganz feine. Weil ich in Kunst auf dem Zeugnis eine Eins hatte. Kunst ist mein Lieblingsfach. Ich male für mein Leben gern. Mama betont immer, die Schule sei wichtig. Sie möchte, dass ich einmal einen richtigen Beruf lerne und nicht als Näherin arbeiten muss. Ist Nähen denn kein Beruf? Mama sagt, ich soll es einmal besser haben und mehr Geld verdienen als sie. Dafür brauche ich gute Schulnoten.

Wenn der Kunstunterricht nicht wäre, würde die Schule überhaupt keinen Spaß machen. Ich glaube, die anderen Kinder mögen mich nicht, dabei habe ich ihnen gar nichts getan. »Du siehst nicht nur aus wie Kacke, du stinkst auch wie Kacke«, hat Nele letztens gesagt. »Kackfresse« hat sie mich genannt. Ich habe es Mama nicht erzählt. Sie hat schon genug Sorgen. Wenigstens ist unsere neue Klassenlehrerin, Frau Yildirim, nett. Und sie kann richtig gut erklären. Seit sie den Deutschunterricht macht, verstehe ich das mit der Grammatik viel besser. Letztens hat sie mir in der Pause gesagt, dass sie weiß, wie schwer es ist, wenn zu Hause nicht richtig Deutsch gesprochen wird. Dabei kann sie es richtig gut, sonst wäre sie ja nicht Deutschlehrerin. Außerdem haben wir bei ihr Sozialkunde.

Trotzdem habe ich keine Lust, morgen in die Schule zu gehen. Ich mag gar nicht dran denken. Kann nicht jeden Tag Sonntag sein? »Auuaaa!« Mama lacht. »Gleich hast du es geschafft, Liebling«, sagt sie. »Dann backen wir einen Kuchen.«

## Im Schulbus

Es regnet. Der Schulbus kommt um Viertel nach sieben. Ganz hinten sitzen Nele, Emma und Laura. »Hallo Kackfresse«, ruft Nele. Die anderen beiden lachen. Ich setze mich in die Mitte des Busses neben Can, einem Jungen aus der 7b. »Hi«, sage ich. »Hi«. Er wischt mit dem Ärmel über die beschlagene Scheibe und schaut aus dem Fenster. Im Bus riecht es nach nasser Kleidung. Ich höre das Lärmen der Kinder. Fünf Tage Schule liegen wieder vor mir. Und es ist noch eine halbe Ewigkeit bis zu den Ferien.

Der Bus füllt sich. An jeder Haltestelle steigen neue Kinder ein. Der Lärm nimmt zu. Türkische Musik vermischt sich mit Deutschrap. Die meisten haben ihre Handys gezückt. Ich habe keins. Mama sagt, wir brauchen das nicht. Das Geld könnten wir sinnvoller ausgeben. Wenn etwas ist, kann sich die Schule direkt bei ihr melden.

Hinten im Bus fuchtelt Nele mit ihrem Handy herum. Sie zeigt auf irgendetwas. »Ey, guck bloß mal die Özlem auf *TikTok*, voll cringe!«, schreit sie total laut. Emma und

Laura lachen daraufhin laut los. Es ist kein lustiges Lachen, sondern klingt irgendwie hässlich.

In der ersten Stunde haben wir heute Mathe. Mathe mag ich nicht. Ich verstehe nicht, wofür Menschen Mathe brauchen. Ich finde, es sollten nur diejenigen Mathe lernen, die später einmal Mathelehrer werden wollen. Dann haben wir noch Erdkunde, Englisch, Bio und zwei Stunden Sport. Das ist okay, und eigentlich möchte ich ja auch etwas lernen. Anschließend geht es dann in die Betreuung. Mama kommt ja erst spät nach Hause, und hier gibt es wenigstens etwas zu essen und ein bisschen Hilfe bei den Hausaufgaben. Das Spielen mit den anderen Kindern macht mir keinen Spaß. Ich habe immer das Gefühl, nicht richtig dazuzugehören.

Mama betont immer, wie wichtig es sei, dass ich in der Schule aufpasse und Kontakt mit den anderen Kindern habe. Ich will Mama nicht enttäuschen, aber die Zeit in der Schule ist schrecklich. Alle Kinder scheinen Freunde zu haben, scheinen zu irgendwem zu gehören. Ich bin immer allein. Am schlimmsten ist die Zeit nach dem Unterricht.

Noch eine Haltestelle und der Bus ist da. Gleich beginnt die Schule. Fünf lange Tage. Wenn doch bloß schon wieder Freitag wäre. Der Bus hält an. Ich greife meinen Tornister und meinen Sportbeutel. Dann steige ich mit den anderen Kindern aus dem Bus.

## Gestolpert

Es ist Mittwoch. Heute haben wir in der dritten und vierten Stunde Kunst, mein Lieblingsfach. Zwei Stunden Farbe, Freude, unbeschwertes Malen. Ich habe meinen neuen Farbkasten dabei, den Tante Martha mir geschenkt hat.

Frau Thiel, die Kunstlehrerin, hat uns vor zwei Wochen von *Giuseppe Arcimboldo* erzählt. Sie hatte ein großes, dickes Buch mit Bildern von ihm dabei. Arcimboldo war ein italienischer Maler, der vor über 600 Jahren gelebt hat. Er hat Porträts gemalt, die aus Pflanzen, Obst, Gemüse, Tieren oder Gegenständen zusammengesetzt sind. Eine Kartoffel, Gurke oder Birne als Nase, Weintrauben und Weinblätter als Haare und Locken, Äpfel als Wangen und so etwas. Die Porträts sehen aus wie echte menschliche Gesichter und Köpfe. Irgendwie ist das lustig und einige in der Klasse haben gelacht. Aber es ist toll, was für eine Fantasie dieser Maler hatte, was für ein scharfes Auge, und wie unglaublich gut er malen konnte.

Jetzt haben wir die Aufgabe, selbst Bilder im Stil von Arcimboldo zu malen. Ich bin mit Mama zusammen einkaufen gegangen und habe mir ganz genau die verschiedenen Gemüsesorten im Supermarkt angeschaut. Unglaublich, was es in der Natur für Formen und Farben gibt. Aber daraus Gesichter zu machen? Das braucht schon viel Fantasie. Ich habe mir alles ganz genau angesehen und am Wochenende hat Mama einen bunten Gemüseeintopf gemacht.

In der letzten Woche haben wir in Kunst unsere Gesichter erst einmal vorgezeichnet. Irgendjemand aus der Klasse hatte die Idee, einen Kürbis als Kopf zu nehmen. Das haben einige nachgemacht und waren dann schnell fertig. Ich habe lieber viele kleinere Obst- und Gemüsesorten genommen. Die ganzen zwei Stunden habe ich mit dem Bleistift das Gesicht eines Mannes vorgezeichnet. Ich habe ihm sogar einen Bart gemacht. Aus Radieschen, weil die so einen langen Faden als Wurzel haben. Beim Stöbern in der Gemüsetheke habe ich Austernpilze gesehen. Die habe ich für die Ohren genommen. Die Nase ist eine Möhre, wie bei einem Schneemann. Das hat mich dann darauf gebracht, dem Mann einen Kochtopf als Hut aufzusetzen. Ich habe das mal in einem Buch gesehen, einen Schneemann mit einem Kochtopf als Hut und einer Möhre im Gesicht. Wenn es früher im Winter mal richtig kalt wurde, haben wir in der Grundschule einen Schneemann gebaut. Der hatte aber keine Nase und keinen Hut. Eigentlich schade, das wäre bestimmt lustig geworden.

Heute malen wir unsere Bilder mit Wasserfarben aus. Ich arbeite vor allem mit den feinen Pinseln, weil mein Bild aus so vielen kleinen Einzelheiten besteht. Frau Thiel hat letztens gesagt, ich hätte ein sehr gutes Gespür für Farben und eine sehr ruhige Hand. Die brauche ich heute auch. Wenn ich male, vergesse ich alles um mich herum. Dann bin ich einfach nur noch glücklich. Mein Bild besteht aus lauter schillernden Farben. Viele habe ich speziell zusammengemischt, damit die verschiedenen Obst- und Gemüsesorten möglichst echt aussehen. Ich könnte den ganzen

Tag malen. Wieso haben wir bloß nur zwei Stunden Kunst in der Woche? Vielleicht werde ich ja später einmal Malerin?

Frau Thiel geht durch die Reihen und gibt einigen Kindern Tipps, wo sie noch etwas besser machen können. Bei mir bleibt sie stehen. »Das ist wunderschön, Sara.« Mehr sagt sie nicht. Sie bleibt einfach stehen und lächelt mir zu. Nach einer Weile geht sie weiter. Ich bin stolz, denn ich werde nicht so oft von den Lehrern gelobt. Dann gehe ich das Wasser wechseln. Es muss ganz klar und sauber sein, damit die leuchtenden Farben nicht verschmutzt werden.

Frau Thiel sagt, sie sei einmal kurz im Lehrerzimmer. Wir sollen einfach weitermachen. Das Bild ist fast fertig. Einen Hintergrund braucht es noch, aber das schaffe ich heute nicht mehr. Vielleicht mache ich etwas mit Gras oder Stroh. Bestimmt bekomme ich wieder eine Eins dafür. Mama und Tante Martha werden stolz auf mich sein.

Vom anderen Ende des Kunstraums kommen Nele und Emma lachend an. Sie gehen in Richtung Waschbecken, Emma hat ein schmutziges Glas Wasser in der Hand. Gerade als sie direkt neben mir sind, rempelt Nele sie an. Sie stolpert und das ganze schmutzige Wasser spritzt über mein Bild und auf meine Hose. »Ey, bist du doof oder was? Hast du keine Augen?«, ruft Nele. »Bin gestolpert«, sagt Emma. »War keine Absicht«, sagt sie zu mir. Dann gehen sie lachend weiter.

Von meinem Bild ist nichts mehr zu erkennen. Die ganze Arbeit umsonst. Mir ist zum Heulen. Es klingelt und die Kunststunde ist vorbei. Frau Thiel kommt wieder rein und sagt, wir sollen noch aufräumen. »Was ist mit deinem Bild passiert?«, fragt sie. »Ein Unfall«, sage ich. Ich packe meine Sachen zusammen und will nur noch nach Hause.

## Etwas fühlt sich nicht richtig an

»Wie war es in der Schule?«, fragt Mama. Wir sitzen beim Abendessen. »Gut«, erwidere ich. Was soll ich auch anderes sagen? Mama sieht müde aus. Sie hat schon genug Sorgen. Da will ich sie nicht noch belasten.

Ich hätte gern ein paar Freundinnen und Freunde. So wie andere in der Schule auch. Einmal war Özlem bei mir zu Hause. Das ist aber schon wieder länger her. Ich hätte sie auch gerne mal zu Hause besucht, aber sie hat mich nie eingeladen. Auch Jule ist ab und zu mal ganz nett zu mir, anders als die anderen Kinder. Aber wenn Nele und die anderen in der Nähe sind, kennt sie mich scheinbar gar nicht. Dann habe ich noch weniger das Gefühl, dazuzugehören. Dabei gehen wir doch alle in dieselbe Schule und in dieselbe Klasse. Ich habe doch niemandem etwas getan.

Und dann ist da jetzt noch die Sache mit dem verschmierten Bild. Ich bin immer noch total traurig. Emma hat gesagt, sie sei gestolpert. Sie hat ja sogar so etwas wie eine Entschuldigung gemurmelt. Gut möglich, dass es tatsächlich nur ein Versehen war, so etwas kann ja passieren. Aber dann genau auf mein Bild? Und wieder, wenn Nele in der Nähe ist? Die ist doch ohnehin oft so gemein. Mama habe ich es nicht erzählt. Sie würde sicher auch sagen, dass es ein Unfall war. Wahrscheinlich war es das ja auch. Trotzdem, irgendwie fühlt sich das alles nicht richtig an. Mir ist immer noch zum Heulen. Am liebsten würde ich morgen nicht in die Schule gehen.

Am nächsten Morgen fahre ich mit einem dicken Kloß im Hals in die Schule. Mit Herzklopfen steige ich in den Schulbus. Alles ist scheinbar wie immer. Ich schaue mich vorsichtig um, finde irgendwo einen Platz. Unterwegs bin ich ganz in Gedanken versunken. Auf einmal sind wir da. Schulalltag. Als wäre gar nichts passiert.

Irgendwie ist die Woche dann doch vorbeigegangen. Ich bin froh, als ich am Freitag nach Hause komme. Ich habe mir ein paar Bücher aus der Schulbibliothek mitgenommen. Lesen macht mir Spaß, aber ich würde gern auch mal raus gehen und mich mit anderen Kindern treffen. Alle haben am Wochenende etwas vor, treffen sich draußen oder gehen zusammen irgendwo hin. Svenja hat morgen Geburtstag und lädt einige aus der Klasse ins Kino ein. Das könnten wir uns nie leisten. Ich würde auch mal gerne auf einem Geburtstag eingeladen werden. Oder wie es wohl wäre, wenn mal viele Kinder zu meinem Geburtstag kämen? Vielleicht bekäme ich sogar Geschenke. Aber das ist mir gar nicht so wichtig. Es wäre einfach nur schön, zusammen mit anderen zu feiern.

## Kunst? Nein, danke!

Es ist Mittwochmorgen. Ich bin in der Schule. Zum ersten Mal freue ich mich nicht so richtig auf den Kunstunterricht. Mein Bild war nicht mehr zu retten. Ich habe am Samstag ein neues gemalt, als Mama auf der Arbeit war. Es ist längst nicht so gut geworden wie das erste. Ich hatte eigentlich auch keine Lust mehr, aber ich möchte doch wieder eine gute Note in Kunst bekommen. Mama habe ich nichts erzählt. Ich will sie nicht enttäuschen.

Am Anfang der großen Pause stelle ich meinen Tornister vor dem Kunstraum ab. Auf dem Schulhof herrscht das übliche laute Treiben. Währenddessen stehe ich irgendwo am Rand und bin in Gedanken. Es klingelt. Ich habe wieder einen Kloß im Hals und gehe zum Kunstraum.

Heute ist ein neues Thema dran. Frau Thiel spricht über die Perspektive. Das klingt zunächst einmal kompliziert. Irgendetwas mit einem Fluchtpunkt und so. Den braucht man wohl, um Bilder räumlich darzustellen.

Jetzt wollen wir erst einmal mit Bleistift und Lineal zeichnen. Ich mache meinem Tornister auf. Wo ist mein Farbkasten? Den hatte ich doch heute Morgen eingepackt. Er ist weg. Ich schaue mich um. War da jemand an meinen Sachen? Mir wird ganz heiß bei der Vorstellung. Das kann doch nicht sein! Ich kann es nicht fassen. Oder habe ich ihn doch zu Hause liegen lassen?

Den Rest der Zeit bin ich gar nicht mehr bei der Sache. Ich male sowieso viel lieber mit bunten Farben als mit grauem Bleistift, obwohl grau gerade die richtige Farbe ist für meine Gefühle. Das Leben ist wohl doch nicht bunt und farbenfroh. Es ist einfach nur schrecklich. Ich schaue mich wieder um. Kurz treffen sich meine Blicke mit denen von Nele. Sie grinst mich breit an. Nur für einen Moment, dann sieht sie wieder zur Seite. Emma sitzt neben ihr. Emmas Blick ist fest auf den Zeichenblock gerichtet und auch ich schaue wieder auf meinen Zeichenblock. Ich höre Nele kichern.

Irgendwie stehe ich auch diesen Schultag durch. Zuhause gehe ich als Erstes an meinen Schreibtisch und schaue nach dem Farbkasten. Er ist nicht da. Wieder wird mir ganz heiß. Ich will es nicht glauben, aber jemand muss ihn gestohlen haben. Jemand? Ich habe einen Verdacht. Mama sagt immer, ich soll nicht schlecht von anderen Menschen denken. Aber wo soll der Kasten denn sonst sein? Ich lasse mich weinend aufs Bett fallen.

»Wie war es in der Schule?«, fragt Mama wie jeden Abend. »Geht so«, sage ich. Ich kann sie nicht anlügen. Von dem Farbkasten sage ich ihr nichts. Sie würde sich sofort Sorgen machen, wo sie das Geld für einen neuen hernehmen soll. Wahrscheinlich würde sie sowieso glauben, dass ich ihn verloren oder verbummelt hätte. Gestohlen? Ich kann es ja selbst kaum glauben.

## Gejagt

Freitag, sechste Stunde. Die Schulwoche ist fast geschafft. Ich fühle mich furchtbar. Nicht einmal auf das Wochenende freue ich mich mehr. Noch nie habe ich mich so einsam gefühlt. Ich schleiche an den Wänden entlang, versuche mich unsichtbar zu machen. Ich schaue niemanden mehr an und gehe allen aus dem Weg.

Es klingelt. Alle springen auf. Ich packe gedankenverloren meine Sachen. Kurz danach stochere ich in Gedanken versunken in meinem Essen herum. Ich habe keinen Hunger. Nach dem Mittagessen ist noch eine Stunde Zeit für Hausaufgaben, Doch ich kann mich nicht konzentrieren. Irgendwann packe ich genervt meine Sachen.

Schließlich gehe ich langsam in Richtung Schulbus. Als ich um eine Ecke komme, springen Nele und ein paar andere auf mich zu. »Hey Kackfresse«, brüllt sie mich an. Ich bekomme einen Riesenschreck. Sie kommt ganz nah an mich heran. Ich schlucke und gehe einfach weiter. Nele läuft weiter neben mir her. Die anderen folgen uns. Ich gehe schneller, Nele auch. Sie stellt mir ein Bein und ich stolpere. »Bist du dumm?«, fragt sie. Ich gehe noch schneller. Emma lacht hässlich. »Weißt du eigentlich, wie scheiße du bist?«, fragt Nele. Ich sage nichts. Sie hält mich am Arm fest. »Ich rede mit dir, Kackfresse!«, brüllt sie mich an.

Ich fange an zu rennen. Die anderen laufen hinter mir her. Ich habe Angst. »Kackfresse«, rufen sie. »Geh zurück nach Afrika!« Während ich renne, laufen mir die Tränen über das Gesicht. Ich will nur noch weg von dem Mob.

Warum lassen die mich nicht endlich in Ruhe? Ohne zu schauen, springe ich auf Straße. Bremsen quietschen. Es kracht. Ein dumpfer Schlag. Ich falle auf die Straße. Dann wird mir schwarz vor Augen.

Als ich die Augen aufmache, stehen Erwachsene um mich herum. »Sie ist einfach auf die Straße gelaufen«, höre ich Nele rufen. Polizeisirenen schrillen in meine Ohren. Ein Mann hilft mir beim Aufstehen. Er ist der Fahrer des Autos, das mich umgestoßen hat. Mir ist nicht viel passiert, aber als er gebremst hat, ist jemand auf sein Auto drauf gefahren.

Ein Krankenwagen kommt. »Bist du in Ordnung?«, fragt eine Sanitäterin. Ich weiß es nicht. Meine Hose ist aufgerissen, das linke Knie tut mir weh. Auch mein linker Ellenbogen schmerzt. Ich habe mir den Kopf aufgeschlagen. »Nur eine Platzwunde«, sagt die Sanitäterin. Aber es brennt tierisch.

Ein Polizist und eine Polizistin fragen mich, was passiert ist. Ratlos schaue ich sie an. »Sie ist einfach auf die Straße gelaufen«, sagt Nele wieder. »Wir haben noch versucht, sie zurückzuhalten«, höre ich Emmas Stimme. Die anderen bestätigen Emmas Version.

»Sie hat einen Schock«, sagt die Sanitäterin. »Wir bringen sie für alle Fälle zur Beobachtung ins Krankenhaus«, erklärt sie den Polizisten. Sie fragen mich noch nach meinem Namen und wo ich wohne. Die Polizistin sagt, dass sie Mama Bescheid geben werden. Dann fährt der Rettungswagen mit Blaulicht ins Krankenhaus.

## Mama hört mir zu

»Was ist passiert?«, fragt Mama. Sie steht neben meinem Krankenhausbett. Ich muss über Nacht hierbleiben. Zur Beobachtung, sagen sie. Mama ist direkt von der Arbeit hierhergekommen, nachdem die Polizei sie benachrichtigt hat. »Was machst du für Sachen?«, höre ich ihre besorgte Stimme.

Außer einem langen Schluchzen bekomme ich kein Wort heraus. Ich kann nicht mehr aufhören zu weinen. Mama hält meine Hand. »Ist ja gut«, sagt sie. »Du brauchst jetzt Ruhe. Wir reden morgen.«

Am nächsten Morgen holt mich Mama vom Krankenhaus ab. »Sie kann wieder nach Hause. Sie hat unglaubliches Glück gehabt«, teilt ihr die Ärztin mit. Wie im Traum verlasse ich mit Mama das Krankenhaus. Wir steigen in den Bus, der uns nach Hause bringt. Sie hat sich heute freigenommen und ich brauche nicht zur Schule gehen.

Mama macht mir einen Kakao. Auf dem Tisch stehen Kekse. »Jetzt erzähl mir, was passiert ist«, sagt sie. Wieder fange ich an zu weinen. Und dann, irgendwann, rede ich einfach drauflos. Ich erzähle alles. Wie sie mich gejagt haben. Wie ich nur noch weggerannt bin. Wie ich schon lange nur noch weglaufen wollte. Von dem Bild, auf das Emma ihr schmutziges Wasser ausgekippt hat. Und von dem gestohlenen Farbkasten. Dass sie mich immer Kackfresse nennen. Davon, dass schon lange etwas nicht stimmt. Von meiner Einsamkeit. Von der Verzweiflung. Währenddessen blickt Mama ernst und hört mir zu, ohne mich zu unterbrechen. Dann fange ich wieder an zu weinen. Mama nimmt mich in den Arm und hält mich fest. Ich weine und kann nicht mehr aufhören.

Dann sitzen wir lange schweigend da. »Gut, dass du mir das erzählt hast. Wir müssen mit deiner Lehrerin reden. Morgen gehst du erst einmal nicht in die Schule.« Ich schaue Mama dankbar an. Irgendwie bin ich erleichtert, dass sie nun alles weiß. Aber es ist so schrecklich. Ich kann doch nie wieder in die Schule gehen. Ich kann überhaupt nirgendwo mehr hingehen. Das ist doch kein Leben so.

## »Das ist Mobbing«, sagt Frau Yildirim

Zwei Tage später sind wir mit Frau Yildirim in der Schule verabredet. Sie sagt, sie müsse ohnehin mit uns reden wegen des Unfalls. Sie muss den Unfallhergang der Versicherung melden. »Wie konntest du bloß einfach auf die Straße rennen?«, fragt sie mich. Ich fange schon wieder an zu weinen und bekomme kein Wort raus. »Meine Tochter hat keine Schuld«, antwortet Mama an meiner Stelle. »Alle, die es gesehen haben, sagen, dass sie einfach losgerannt sei. Es hat einen Auffahrunfall gegeben. Das Ganze hätte noch viel schlimmer ausgehen können«, entgegnet Frau Yildirim. »Ich glaube meiner Tochter. Und die erzählt etwas anderes«, widerspricht Mama. Es fällt ihr schwer, so ein Gespräch auf Deutsch zu führen. Aber sie nimmt sich zusammen und spricht sehr bestimmt, Wort für Wort. »Gut, Sara. Dann erzähl mal«, sagt Frau Yildirim.

Und wieder erzähle ich alles. Es tut irgendwie gut, obwohl es so furchtbar ist. Bisher habe ich noch nie mit jemandem darüber gesprochen. »Ich will auch gar nicht petzen«, sage ich. »Aber ich weiß nicht mehr weiter. Ich kann nicht mehr in die Schule gehen. Ich will am liebsten überhaupt nirgendwo mehr hingehen. Warum sind alle so böse zu mir?«

Frau Yildirim schaut mich lange schweigend an. Dann sagt sie: »Ich glaube dir, Sara. Das, was dir passiert ist, nennt man Mobbing. Da müssen wir etwas machen.«

Sie erzählt von ihrer Tochter Aisha. Sie geht noch zur Grundschule, ist aber auch schon oft geärgert worden. Gemobbt, wie Frau Yildirim es nennt. »Du dumme Türkin«, haben sie zu ihr gesagt. Dabei ist sie weder dumm noch Türkin. Sie ist wie ich in Deutschland geboren. Auch Frau Yildirim ist hier geboren und hat einen deutschen Pass. Ihr Mann ist Arzt und stammt aus Syrien. »Aisha hat gelernt, sich zu wehren. Und das wirst du jetzt auch«, sagt Frau Yildirim. »Morgen kommst du wieder zur Schule und dann sprechen wir mit allen darüber«, sagt sie. Ich bekomme einen Riesenschreck. »Nein, keine Angst. Sie werden es erst gar nicht merken. In der zweiten Stunde haben wir Sozialkunde. Und ich glaube, da haben wir morgen ein neues Thema«, beruhigt sie mich.

Ich schaue sie ungläubig an. »Und Sie glauben, dass das etwas bringt?«, frage ich ratlos. »Das wird es, ganz bestimmt«, antwortet sie. Aber du wirst auch an dir arbeiten müssen. Wenn du im Unterricht aufmerksam aufpasst, wirst du verstehen, was ich meine.« Ich habe keine Ahnung, wie irgendetwas besser werden könnte. Aber irgendwie fühle ich mich besser nach dem Gespräch. Mama bedankt sich bei Frau Yildirim und wir fahren mit dem Bus nach Hause.

## Opfer, Täter und die anderen

Am nächsten Morgen gehe ich mit Herzklopfen zum Schulbus. Ich spüre meine Schrammen am Kopf. Im Bus herrscht der übliche Lärm, alles ist wie immer. Hinten sitzen Nele, Laura und Emma, aber sie scheinen mich gar nicht zu beachten. Von Haltestelle zu Haltestelle lässt mein Herzklopfen ein bisschen nach. Auch in der Schule scheint alles wie immer zu sein. Es klingelt, die erste Stunde beginnt. Scheinbar ein ganz normaler Tag.

In der zweiten Stunde haben wir dann Sozialkunde. »Bis zu den Sommerferien werden wir uns mit Mobbing beschäftigen«, beginnt Frau Yildirim die Stunde. Sie schreibt das Wort in großen Buchstaben auf das Whiteboard. Sie erklärt, dass Mobbing eine Form von Gewalt sei. Psychische Gewalt, wie sie sagt. Oft schlägt es irgendwann auch in körperliche Gewalt um. Beim Mobbing werden Menschen gequält, gedemütigt, schikaniert und verletzt.

Irgendwie kommt mir das alles bekannt vor. Es ist fast so, als ob Frau Yildirim von mir redet. Aber sie sieht mich dabei nicht einmal an. Vor meinen Augen lebe ich die letzten Wochen noch einmal durch. Ich schaue auf das Whiteboard. Mobbing. Das ist jetzt also unser Unterrichtsstoff. Irgendwie hat es etwas mit mir zu tun. Und irgendwie auch wieder nicht. Wir sollen hier ja alle etwas lernen. Ich habe also doppelten Grund, konzentriert zuzuhören.

»Mobbing kann überall stattfinden«, sagt Frau Yildirim. »In der Familie, im Sportverein, in der Nachbarschaft und natürlich auch in jeder Schule. Erwachsene trifft es häufig am Arbeitsplatz. Es fängt oft scheinbar harmlos an. Dann wird es immer schlimmer. Den Opfern wird durch das Mobbing nach und nach das Leben zur Hölle gemacht.«

Ich könnte schon wieder losheulen. Aber ich höre lieber zu, konzentriere mich auf das, was Frau Yildirim sagt. Ich traue mich nicht, mich zu Nele umzudrehen. Auf jeden Fall ist es in ihrer Richtung auffällig still.

In den nächsten Stunden höre ich in Sozialkunde aufmerksam zu. Fast macht es mir schon Spaß, auch wenn es manchmal weh tut. Aber wenn Frau Yildirim das alles so erklärt, habe ich das Gefühl, immer besser zu verstehen, was mit mir passiert ist.

In einer Stunde erklärt Frau Yildirim, dass Mobbing immer von einem einzelnen Täter ausgeht. Sie sagt, dass die Täter meistens ziemlich feige sind und häufig eine schwache Persönlichkeit haben. Oft wären sie so gemein zu anderen, damit niemand merkt, wie schwach und wertlos sie sich selbst fühlen. Ich sehe, wie Jules und Neles Blicke sich kurz treffen.

»Wenn die Opfer selbstbewusster werden und sich wehren«, sagt Frau Yildirim, »hören die Täter irgendwann ganz von selbst auf«. Leider schaffen die meisten das nicht so leicht. Aber sie erzählt uns, dass sich Selbstbewusstsein erlernen lässt. »Jeder und jede von euch kann Opfer von Mobbing werden und war es vielleicht sogar schon einmal. Je besser euer Selbstbewusstsein ist, desto kleiner ist das Risiko, dass ihr Opfer werdet. Oder«, Frau Yildirim macht eine Pause, »dass ihr Opfer bleibt.«

Frau Yildirim erklärt, dass es beim Mobbing drei Gruppen gibt: Täter, Opfer und alle anderen. Die anderen haben oft selbst Angst vor den Tätern. Oder sie wollen einfach nur dazugehören. Manchmal möchten sie auch gar nicht mitmachen, haben aber das Gefühl, dass die Gruppe das von ihnen erwartet. Manchen tut das Opfer leid, doch sie stehen einfach da und tun gar nichts. Aber auch wenn sie nur dastehen und vielleicht mit den anderen lachen, machen sie sich mitschuldig. »Mitläufer«, sagt Frau Yildirim dazu. Manche wollen helfen, trauen sich aber nicht. »Wenn jemand aus der Gruppe der anderen dazwischengeht und etwas unternimmt, obwohl er oder sie vielleicht selbst Angst hat, das nennt man Zivilcourage. Courage, das heißt übersetzt Mut. Unsere Welt kann viele mutige Menschen gebrauchen«, erklärt Frau Yildirim.

Zum ersten Mal habe ich das Gefühl, dass der Schulunterricht etwas mit meinem Leben zu tun hat. Ich glaube, ich habe wirklich ein schwaches Selbstbewusstsein. Ich hätte gerne mehr davon. Aber wie kann man das lernen?

»Wer seine Note noch verbessern möchte, kann in den nächsten Wochen ein Referat über Mobbing halten«, sagt Frau Yildirim am Ende der Stunde. »Die Aufgabe ist freiwillig. Es stärkt übrigens das Selbstbewusstsein, wenn man gelegentlich mal einen Vortrag vor einer Gruppe von Leuten hält«, sagt Frau Yildirim. Vorsichtig gehen zwei oder drei Finger hoch. »Was ist mit dir, Sara? Du möchtest doch sicher auch noch deine Note verbessern?«, fragt sie mich. Puuh, vor der ganzen Klasse zu reden, ist wirklich nicht mein Ding. Aber gerade deshalb sollte ich es wahrscheinlich tun. Und gegen eine bessere Note habe ich auch nichts. Ich möchte doch, dass Mama stolz auf mich ist.

## Entschlossenheit

Seit einer Woche arbeite ich jetzt an meinem Referat. Ich habe mich für das Thema »Selbstbewusstsein« entschieden. Ob man das lernen kann? Es ist interessant, selbstbewusste Menschen zu beobachten. Sie bewegen sich ganz anders. Sie sprechen anders. In meiner Klasse ist mir aufgefallen, dass gerade die, die häufig im Unterricht aufzeigen, oft viel selbstbewusster als die anderen sind. Jonas zum Beispiel. Der zeigt immer auf und sagt einfach, was ihm gerade durch den Kopf geht. Er macht sich auch gar nicht so viel draus, wenn er mal etwas Falsches sagt. Er hat viele Freunde und alle in der Klasse respektieren ihn.

Manchmal denke ich, ich schaffe es nie, auch so selbstbewusst zu werden. Aber dann habe ich wieder das Gefühl, dass ich nur dadurch, dass ich mich mit dem Thema beschäftige, auch schon ein bisschen Selbstbewusstsein entwickle. Ich beobachte mich viel mehr und werde mir dadurch selbst ein bisschen bewusster.

Ich gehe über den Schulhof und sehe, wie Nele und Jule sich streiten. Jule bückt sich und hebt ein Buch auf, das im Dreck liegt. »Ey, bist du doof, du hast doch gar keine Freunde!«, ruft Nele. »Mehr als du ganz bestimmt«, antwortet Jule und wischt das Buch ab. Ich gehe auf sie zu. Nele dreht sich zu mir um. »Was willst du denn hier, Kackfresse? Verpiss dich!«, ruft sie. »Wenn hier eine keine Freunde hat, dann doch wohl die, was Emma?« Emma schaut auf den Boden, dreht sich weg.

Für mich ist es wie ein Stich ins Herz. Ich will am liebsten wieder wegrennen, versuche aber meine Angst herunterzuschlucken. Wegrennen hilft ja auch nicht, weiß ich jetzt. »Blöd, dass das Auto gebremst hat. Wer ist auch so dumm und rennt einfach auf die Straße?«, lacht Nele. Emma blickt zur Seite.

»Lass sie doch mal in Ruhe!«, ruft Jule auf einmal. »Möchtest du etwas in mein Freundebuch schreiben? Ich würde mich freuen«, fragt sie mich. »Wer will denn die als Freundin haben?«, ätzt Nele. Ich merke, wie ich zittere. »Hör nicht hin«, sagt Jule leise zu mir. Wir wenden uns ab und gehen ein paar Schritte. Nele und Emma lassen wir einfach stehen.

»Das war aber mutig von dir«, sage ich zu Jule.

»Ich glaube, das nennt man Zivilcourage«, antwortet sie. »Es wird Zeit, dass wir uns wehren und aufhören, Angst vor Nele zu haben. Frau Yildirim hat recht, sie ist eigentlich total feige!«, meint Jule.

»Aber das hat Frau Yildirim doch gar nicht so gesagt«, wundere ich mich.

»So direkt nicht. Aber wen könnte sie denn sonst gemeint haben? Und bei dir hat Nele immer gehofft, die Schwächste zu treffen, die sich nicht wehrt. Leider haben wir anderen alle zugesehen und uns nicht getraut, etwas zu sagen«, meint Jule.

Auf dem Nachhauseweg überschlagen sich die Gedanken und Gefühle. In meinem Tornister ist Jules Freundebuch. Bei dem Gedanken bekomme ich Herzklopfen. Was soll ich da bloß reinschreiben? Ich dachte immer, die anderen in der Klasse können mich alle nicht leiden. Hatten sie einfach nur Angst vor Nele? Das kann ich verstehen, ich habe ja auch Angst. Aber heute war es irgendwie anders. Zum ersten Mal.

## Das Referat

Ich bin total aufgeregt. Heute halte ich mein Referat vor der ganzen Klasse. Ich gebe zu, ich habe Angst. Es ist okay, Angst zu haben, solange ich mich nicht von ihr lähmen lasse. Das habe ich gelesen, als ich mein Referat vorbereitet habe. Ich habe in den letzten drei Wochen viel über Mobbing gelesen. Vor allem im Internet. Außerdem habe ich mich damit beschäftigt, wie Menschen ihr

Selbstbewusstsein stärken können. Denn Selbstbewusstsein ist ja das Thema meines Referats. Ausgerechnet ich rede über Selbstbewusstsein. Je intensiver ich mich damit beschäftigt habe, desto mehr ist mir klar geworden, wie wenig ich davon habe.

Ich habe gelesen, wie wichtig Körpersprache ist. Wie man steht, geht, die Arme und Hände einsetzt. Und ob und wie man andere ansieht. Auch die Stimme und die Art zu sprechen, sind wichtig. Beides habe ich ein bisschen geübt. Ich habe Mama vorgelesen. Wir haben auch viel gelacht. Sie hat gesagt, ich solle mich dabei auf den Tisch stellen. Das war eine ganz neue Perspektive. Ich habe von da oben aus einem Harry-Potter-Buch vorgelesen, das ich mir in der Bücherei ausgeliehen hatte. Dann habe ich einen Zauberspruch von oben heruntergeschleudert.

Ich glaube, bisher habe ich immer nur auf den Boden geschaut und ganz schnell und leise gesprochen. Als wenn mich niemand hören oder sehen sollte. Frau Yildirim hatte ja gesagt, dass ich an mir arbeiten muss. Jetzt verstehe ich, was sie gemeint hat. Und ich glaube, ich habe schon ein bisschen etwas dazugelernt.

Trotzdem bin ich wahnsinnig aufgeregt. Und so richtig selbstbewusst fühle ich mich immer noch nicht. Zumindest weiß ich aber, dass ich mutig bin, wenn ich das Referat erst hinter mich gebracht habe. Weil ich es trotz der Angst und Unsicherheit getan habe. Mutig sein bedeutet nicht, keine Angst zu haben. Mutig zu sein heißt, sich trotz der Angst nicht unterkriegen zu lassen.

Die Schulglocke klingelt zur zweiten Stunde. Das Herz schlägt mir bis zum Hals. »Heute sind die Referate dran«, sagt Frau Yildirim. »Sara hat sich das Thema ›Selbstbewusstsein‹ ausgesucht. Ich bin gespannt, was sie uns zu erzählen hat.«

Ich atme tief durch. Ich richte mich auf, als wäre ich total selbstbewusst. In langsamen Schritten gehe ich nach vorn. Nicht auf den Boden sehen, bloß nicht auf den Boden sehen. Ich stehe vor der Klasse. Die Füße sind etwa hüftbreit auseinander. Ich schaue in die Runde. Dann beginne ich langsam und deutlich zu sprechen. Ganz anders, als ich es normalerweise tue. Es ist still in der Klasse. Alle hören mir zu.

»Selbstbewusstsein ist entscheidend, um der Mobbingfalle zu entkommen. Die Täter suchen sich Opfer mit schwachem Selbstbewusstsein, weil sie selbst feige sind. Sie probieren erst einmal aus, ob ein Opfer sich wehrt. Typische Mobbingopfer weichen aus, laufen weg, versuchen sich unsichtbar zu machen, weil sie kein Selbstbewusstsein haben. Dann haben die Täter leichtes Spiel«, erzähle ich.

Immer noch ist es still. Selbst Nele ist ruhig. Für einen kurzen Moment treffen sich unsere Blicke. Ich halte es aus, doch Nele schaut weg. Dann mache ich weiter: »Es gibt keinen Grund für ein schwaches Selbstbewusstsein. Wir alle können irgendetwas besonders gut. Wir alle haben Stärken und Schwächen. Sich seiner selbst bewusst sein, heißt, sich mit seinen Stärken und Schwächen zu kennen und sie anzunehmen. Das ist nicht immer einfach, aber es lässt sich lernen.« Hoffentlich lerne ich das auch einmal, denke ich. Aber ich lasse mir nichts anmerken und mache einfach weiter.

»Sport und Bewegung können das Selbstbewusstsein stärken. Es ist gut für das Körpergefühl. Auch ein gutes Körpergefühl trägt dazu bei, dass wir uns selbst bewusster wahrnehmen. Selbstbewusstsein zeigt sich außerdem in der Haltung und in der Sprache. Kurze, klare Sätze, deutliche Betonungen und bewusste Pausen lassen uns beim Sprechen selbstbewusst und stark wirken.« Ich spreche dabei langsam und deutlich, mache bewusste Pausen. Ich habe es immer wieder geübt und es funktioniert.

»Allein ist es kaum zu schaffen. Ein Mobbingopfer braucht Vertraute und Verbündete, um sein Selbstbewusstsein zu stärken und der Mobbingfalle zu entkommen. Die meisten ziehen sich zurück und versuchen, alles mit sich selbst auszumachen. Sie haben Angst, sich jemandem anzuvertrauen. Das ist ein Fehler. Wir alle können Vertraute finden. In der Familie, in der Schule – irgendwo wird sich jemand finden. Der erste Schritt besteht darin, sich selbst zu vertrauen, seinen Mut zusammenzunehmen und sich dann jemandem anzuvertrauen. Wenn ein Mobbingopfer beginnt, selbstbewusst aufzutreten, verändert sich etwas. Je selbstbewusster es wird, desto uninteressanter wird es für die Täter. Früher oder später verlieren sie die Macht über ihr Opfer. Dann hört das Opfer auf, Opfer zu sein.« Ich atme wieder tief durch, mache eine kurze Pause. »Das war es. Danke, dass ihr mir zugehört habt«, beende ich meinen Vortrag.

»Bleib noch einen Moment hier vorne stehen«, sagt Frau Yildirim bevor ich mich wieder hinsetzen kann. »Das war ein ganz wunderbares Referat. Das gibt eine Eins. Danke«, sagt sie. »Du kannst dich jetzt wieder setzen.« Es ist das erste Mal, dass ich einem anderen Fach als Kunst eine Eins bekommen habe.

## Ferien

Heute ist der letzte Schultag vor den Sommerferien. Auf dem Zeugnis habe ich eine Eins in Kunst und eine Zwei in Sozialkunde. Das hatte ich noch nie. Frau Yildirim hat gesagt, es hätte eine Eins sein können, wenn ich mich öfter im Unterricht melden würde. Ich traue mich oft einfach nicht, auch in anderen Fächern. Da kann ich noch etwas mutiger werden.

Jule habe ich ihr Freundebuch zurückgegeben. Einen ganzen Nachmittag habe ich geschrieben. So etwas habe ich noch nie gemacht.

»Sind wir jetzt Freunde?«, habe ich sie gefragt.

»Freunde«, hat Jule geantwortet.

Auf einmal habe ich eine Freundin. Das ist ein schönes Gefühl. In den Ferien wollen wir uns auch mal verabreden. Jetzt fahren Jules Eltern aber erst einmal mit ihr in den Urlaub.

Auf dem Schulhof kommt mir Can entgegen. Er hält einen Umschlag in der Hand. »Gut, dass ich dich noch erwische, Sara. Hast du Lust, nächste Woche auf meinen

Geburtstag zu kommen?«, fragt er. Ich bin total überrascht und weiß gar nicht, was ich sagen soll.

»Äh ja, aber ich weiß nicht …«, stammele ich.

»Ich würde mich total freuen«, sagt Can. »Die Hälfte meiner Freunde ist im Urlaub und dann habe ich gedacht, dass du doch auch ganz nett bist. Wir gehen zum Bowling. Komm doch einfach mit!« Er drückt mir die Karte in die Hand und ist verschwunden. Ich stehe ratlos da. Ich war noch nie beim Bowling.

Mama hält die Karte in der Hand. »Das freut mich, dass du zum Bowling eingeladen bist«, sagt sie.

»Aber ich weiß gar nicht, was ich ihm schenken soll. Außerdem kostet das Geld, und wir haben doch nicht so viel«, meine ich.

»Mal ihm doch einfach ein Bild. Ich backe noch ein paar Kekse dazu«, sagt Mama. Einen neuen Farbkasten habe ich noch nicht bekommen, aber Buntstifte habe ich noch. Also gut. Ein Bild. Und Kekse von Mama.

## Bowlingparty und Mädchenfußball

Heute ist Cans Geburtstagsparty. Ich bin schon ganz aufgeregt. Ich gehe zum ersten Mal zum Bowling. Mama hat Plätzchen gebacken und ich habe Can ein Bild gemalt. Wir hatten noch einen passenden Rahmen zu Hause. Ich habe ihn gemalt und ich finde, er ist gut zu erkennen.

Wir treffen uns direkt am Bowling Center. Can ist mit seinen Eltern da. Sie begrüßen mich und die anderen Gäste herzlich. Das Bild finden sie total toll. Alle erkennen Can sofort. Cans Vater erklärt mir, wie man die Kugeln hält. Das ist anfangs etwas komisch, aber ich treffe nach einer Weile ganz gut. Am Ende werfe ich sogar zwei Strikes.

»Du hast ein gutes Gefühl für die Kugeln«, sagt Can. »Kannst du auch so gut mit Bällen umgehen?«, fragt er mich.

»Hm, ich weiß nicht.« Im Sportunterricht haben wir alles Mögliche gemacht. Ich war nie richtig gut, aber auch nicht schlecht.

»Hast du nicht mal Lust, mit zum Fußball zu kommen? Wir bauen gerade eine Mädchenmannschaft auf in unserem Verein. Und in den ganzen Ferien gibt es kostenloses Probetraining«, sagt er.

Zwei Tage später stehe ich dann wirklich auf dem Fußballplatz. Ich soll verteidigen, keinen Ball in die Nähe des Tores lassen. Die anderen Mädchen sind sehr nett zu mir, aber auf dem Platz geht es dann richtig zur Sache. Es kostet mich etwas Überwindung, auf meine Gegnerinnen zuzulaufen und mich ihnen in den Weg zu stellen. Aber ich tue es und kann ihnen öfter auch den Ball abnehmen.

»Aus dir kann eine gute Innenverteidigerin werden. Komm doch nächste Woche wieder, dann üben wir das weiter«, sagt Inge, die Trainerin, zu mir.

»Wirklich? Ja, dann sehr gern«, freue ich mich. Ich scheine etwas gefunden zu haben, was mir Spaß macht. Und scheinbar kann ich es auch ganz gut.

Die ganzen Sommerferien spiele ich also Fußball. Manchmal versuchen die anderen mich zu foulen, um an mir vorbeizukommen. Das ist ganz normal. Aber da muss ich mich dann schon zusammennehmen, fest stehen und hart am Ball bleiben. Wir üben das alles und Inge meint, dass ich das sehr gut mache.

Die Zeit vergeht wie im Flug und ich habe die Schule fast vergessen. Zwischendurch treffe ich mich mal mit Jule, einmal auch mit Özlem. Sie hat mich tatsächlich zu sich nach Hause eingeladen. Can sehe ich gelegentlich auf dem Fußballplatz. Bowling, Fußball, Treffen mit anderen aus der Schule – das ist irgendwie alles ganz neu für mich. Aber es gefällt mir. Ich denke zurück an die Ereignisse vor den Ferien. Es scheint alles gerade so weit weg. Aber ich weiß auch, wie schnell es wieder losgehen kann. Trotzdem, ich fühle zum ersten Mal so etwas wie Selbstbewusstsein.

Mama sagt das auch. »Das Fußballspielen tut dir gut. Möchtest du damit weitermachen?«, fragt sie.

»Ich weiß nicht. Das kostet doch sicher Geld«, antworte ich und merke, wie ich traurig werde.

»Ich habe mit deiner Trainerin gesprochen. Sie möchte dich unbedingt dabeihaben. Sie sagt, du bist richtig gut. Für 20 Euro im Jahr kannst du Mitglied im Verein werden. Das bekommen wir hin«, erwidert Mama. Außerdem möchte sie mir zu Weihnachten zusammen mit Tante Martha ein richtiges Paar Fußballschuhe kaufen. Sie will dafür jeden Monat etwas Geld zur Seite legen. Ich freue mich wahnsinnig. Es ist der letzte Samstag in den Ferien. Nächste Woche geht die Schule wieder los.

## »Ich heiße Sara«

Dann beginnt das neue Schuljahr. Alles ist wie immer. Der Lärm im Schulbus. Nele, die hinten sitzt und scheinbar alle übertönt. Daneben sitzen Laura und Emma. Musik dröhnt, die Handys sind gezückt. Ich denke an den Farbkasten. An den Unfall. Nein, es war kein Unfall, ich war einfach so verzweifelt. Auch das verschüttete Wasser auf meinem Zeichenblock war Absicht, da bin ich mir jetzt sicher. Mein Gefühl hat es mir von Anfang an gesagt. Ich habe Angst, dass so etwas wieder passiert. Aber ich weiß jetzt auch, dass es okay ist, Angst zu haben.

Die ersten beiden Stunden sind um. Es ist große Pause. Ich gehe über den Schulhof, mitten durch das Lärmen und Toben. Auf einmal kommt Nele auf mich zu. Ein paar andere Mädchen folgen ihr.

»Hey Kackfresse! Was machst du denn schon wieder hier?«, ruft sie. Ich spüre wieder mein Herz klopfen. Ich atme tief durch. Es ist okay, Angst zu haben. Aber diesmal werde ich mich nicht wegducken.

»Na, was wohl?«, antworte ich mit fester Stimme.

»Habe ich dir nicht gesagt, dass du wieder dahin gehen sollst, wo du hergekommen bist, Kackfresse?«, giftet Nele mich an. Die anderen stehen um uns rum. Manche schauen auf den Boden. Von der anderen Seite des Schulhofs kommt Jule angelaufen.

Ich richte mich auf, stelle mich breitbeinig hin, stemme die Hände in die Hüften und sage laut und deutlich: »Hör auf, mich so zu nennen! Ich heiße Sara.«

Nele schaut mich fassungslos an. Dann springt sie auf mich zu. »Du dumme Kackfresse«, ruft sie und stößt mich gegen die Brust. Sie greift an. Aber das machen die anderen Spielerinnen auf dem Fußballplatz ja auch. Obwohl die sonst netter sind als Nele.

Kann sein, dass ich Nele ein bisschen gefoult habe. Aber alle sagen, sie sei hingefallen. Komisch, und das gleich zweimal. Ich weiß auch nicht, wie das passieren konnte.

»Der hast du es aber gezeigt«, sagt Jule.

»Wieso?«, frage ich. »Was habe ich denn gemacht? Sie ist einfach hingefallen«, sage ich und wir lachen beide.

Nele hat sich jedenfalls plötzlich davongemacht. Die anderen haben sie einfach gehen lassen. Als sich die Gruppe langsam auflöst, kommt Emma auf mich zu. »Ich glaube, ich war manchmal ziemlich gemein zu dir, Sara«, sagt sie. Ich bin völlig verdutzt.

»Kann schon sein …«, sage ich.

»Es tut mir leid«, sagt Emma. »Entschuldige bitte«.

»Schon okay«, sage ich und kann das alles nicht fassen.. Diese Sache mit dem Selbstbewusstsein … das hat scheinbar nicht nur bei mir etwas verändert.

Auf dem Nachhauseweg habe ich gute Laune. Auch das ist neu. Früher hatte ich das nie, wenn ich aus der Schule gekommen bin. Irgendetwas ist also jetzt anders. Von mir aus kann das so bleiben.

»Wie war es in der Schule?«, fragt Mama am Abend.

»Gut«, sage ich.

»Gut?«, fragt sie nach.

»Ja, wirklich gut«, entgegne ich und lache. Dann mache ich meinen Tornister auf, um meine Butterbrotdose herauszuholen. Ich kann es kaum glauben - da ist mein Farbkasten drin. Erstaunt hole ich ihn heraus. Alles unverändert, so wie ich ihn beim letzten Mal gesehen habe.

Wer das wohl war? Ich würde es schon gerne wissen. Aber es ist eigentlich auch egal. Schwamm drüber. Irgendwie wird alles wieder gut. Morgen haben wir Kunst. Ich freue mich darauf!

**Am Beispiel von Sara, Nele und den anderen kannst du gut erkennen, wie Mobbing funktioniert, was es mit Menschen macht und wie man der Mobbingfalle entkommen kann. Hier ist noch einmal das Wichtigste zusammengefasst:**

- Beim Mobbing suchen sich einzelne Täter oder auch Gruppen von Tätern gezielt ein bestimmtes Opfer aus – natürlich kann es auch eine Täterin sein, wie in unserer Geschichte.

- Es gibt drei Gruppen von Beteiligten: das Opfer, den Täter (oder die Täterin) und alle anderen.

- Ob die Täter Erfolg haben, hängt auch von allen anderen ab. Haben sie Angst vor dem Täter? Sind sie Mitläufer oder Mittäter? Oder sind sie mutig und zeigen Zivilcourage?

- Die Täter sind meistens recht feige. Sie suchen sich daher Opfer, die noch schwächer sind als sie, weil sie wenig Selbstbewusstsein haben.

- Für die Opfer ist es wichtig, sich anderen Menschen anzuvertrauen. Wer alles mit sich allein ausmachen will, gerät immer tiefer in die Mobbingspirale.

- Selbstbewusstsein und ein selbstbewusstes Auftreten schrecken die Täter ab.

- Selbstbewusstsein lässt sich lernen, aber es braucht etwas Zeit.

- Sport und körperliche Aktivität helfen dabei, selbstbewusster zu werden.

- Trainiere eine klare, deutliche Sprache und eine selbstbewusste Körperhaltung.

# Moritz läuft weg

Wie ich das hasse. Sportunterricht. Fußballspiel. Mannschaftswahl. Ich wäre gern sportlich, aber ich bin es nicht. Bälle sind mir ein Graus. Wenn ein Ball auf mich zugeflogen kommt, gehe ich in Deckung. Eigentlich beschreibt das mein Leben ganz gut: Ich gehe ständig in Deckung. Am Ende trifft es mich trotzdem. Ich weiß auch nicht warum.

Jetzt stehe ich hier wieder mal als einer der Letzten bei der Wahl der Mannschaften. Die sportlichen und beliebten unter den Mitschülern sind schnell gewählt. Die Loser hingegen warten frustriert darauf, dass ihr Name aufgerufen wird. Wer hat sich das bloß ausgedacht? Es ist die Hölle.

Einer nach dem anderen wird in eine Mannschaft gewählt. Ich bin wie üblich der Letzte. Ganz unten in der Rangordnung der Klasse. »Okay, dann bleibt ja wohl nur noch Moritz«, sagt Jannick. »Du gehst ins Tor. Mach keinen Scheiß.«

Während die anderen den Ball hin und her kicken, kann ich über mein beschissenes Leben nachdenken. Seit Beginn des neuen Schuljahres bin ich hier an der Hauptschule. Auf dem Gymnasium gab es ständig Stress mit ein paar Mitschülern. Ich weiß nicht warum, aber irgendwie hatten die es auf mich abgesehen. Irgendwann war es so unerträglich, dass meine Leistungen in der Schule nachgelassen haben und meine Noten immer schlechter wurden. Zum Abschluss der siebten Klasse war mein Zeugnis so mies, dass man meinen Eltern geraten hat, dass ich die Schule wechsle.

Meine Eltern haben wenig Zeit, sich um mich und meine Probleme zu kümmern. Von morgens bis abends sind sie in ihrer Druckerei beschäftigt. Manchmal habe ich den Eindruck, ich bin ihnen nur lästig. Wenn sie am späten Abend nach Hause kommen, haben sie meistens keine Zeit mehr für mich. Wir essen gemeinsam und das war es dann. Am Wochenende sind die beiden viel unterwegs.

Das Spiel geht los. Vor mir kommen Erik und Lukas in Bewegung. Sie spielen in der Abwehr hinten. Hüsein ist im Ballbesitz und stürmt auf sie zu. Von Weitem schießt er, der Ball verfehlt das Tor und geht ins Aus. Ich hole ihn, um ihn wieder ins Spiel zu bringen.

»Hier! Hier!«, tönt es aus verschiedenen Richtungen. Ich schieße den Ball einfach in hohem Bogen in Richtung Mittelfeld.

»Oh Mann, da steht doch keiner!«, höre ich Jannick rufen.

Da stehe ich wieder auf dem schlammigen Grasboden und hoffe, dass die Stunde bald um ist. Sport ist einfach der Horror. Die übrigen Fächer fallen mir leicht an der neuen Schule. Auf dem Gymnasium waren wir viel weiter mit dem Unterrichtsstoff. Eigentlich gehöre ich hier gar nicht hin. Ich bin vielleicht nicht sportlich, aber ich bin ja nicht doof. Wäre ich mit den Mitschülern auf dem Gymnasium besser klargekommen, wäre sicher vieles anders gelaufen.

Aber der Zug ist abgefahren. Nichts zu machen. Jetzt muss ich zusehen, dass ich hier gute Noten bringe.

»Es geht um deine Zukunft«, betont Mama immer.

Irgendwann ist auch diese Sportstunde vorbei. Ich habe drei Tore kassiert. Vor allem hatten aber einige einen Spaß daran, Bälle hart auf mich draufzuspielen.

»Schieß das Opfer ab, schieß ihn ab«, hat Murat immer wieder gebrüllt. Einmal traf mich der Ball im Gesicht und ein paarmal habe ich im Schlamm gelegen. Ich hasse Fußball.

Nach dem Spiel ziehe ich meinen neuen Trainingsanzug über und es geht zurück zur Schule. In der Umkleide machen einige Jungs hässliche Bemerkungen über meine Klamotten. Ich mag die Marke *Nike*. Für den Sport und auch sonst. Viele hier können sich keine Markenklamotten leisten, doch meine Eltern legen Wert auf gute Kleidung und Geld spielt bei ihnen keine Rolle. Warum sollen sie mir also nicht das kaufen, was mir auch gefällt?

»Auf dem Platz der Loser, aber die teuersten Sportklamotten«, ätzt Nick.

Mit dem Fahrrad geht es schließlich nach Hause. Warum gibt es eigentlich nicht Radfahren als Sportfach? Ich liebe es, mit meinem schicken *Gazelle Citybike* durch die Gegend zu fahren. Am Wochenende mache ich häufiger größere Touren. Manchmal wünsche ich mir, dass jemand mitkommt. Aber wer bloß? Irgendwie bin ich immer allein.

## Snapchat

Meine Eltern sind wie üblich noch nicht zu Hause. Sie sind meistens bis abends im Betrieb, »Geld verdienen«, wie sie sagen. Ich zocke ein bisschen mit der Playstation, als eine Nachricht über Snapchat reinkommt. Es ist eine Einladung zu einer Snapchat-Gruppe. »Hure Carina« heißt sie.

»Du Hure«, sagen in der Schule die Jungen oft zu den Mädchen. Ich weiß gar nicht richtig, was eine Hure ist, aber es klingt irgendwie hässlich. Ich bin neugierig und trete der Gruppe bei.

Ein Video rauscht über den Bildschirm. Der Film zeigt Carina aus meiner Klasse. Sie scheint auf der Schultoilette zu sein. Sie steht an der Wand einer Toilettenbox, vor ihr irgendein Typ, von hinten und nicht zu erkennen. Der Typ bewegt sich irgendwie komisch, während Carina stöhnt und laut kreischt.

»Ey, guck dir die geile Hure an«, sagt jemand und ein paar Jungs lachen. Carina sieht entsetzt hoch, doch der Typ hält sie gegen die Wand gedrückt. Dann bricht der Film ab und ist sofort verschwunden.

Ich habe noch nicht ganz begriffen, was da eigentlich gerade passiert ist.

»Geile Hure, sehr billig«, flackert da schon eine Nachricht über den Screen.

»Dumm fickt gut, LOL«, schreibt ein anderer.

Innerhalb von Minuten hat die Gruppe mehr als hundert Mitglieder. Immer wieder taucht das Video auf. Ich finde das alles ziemlich eklig. Trotzdem schaue ich doch immer wieder rein.

»Geile Sau!«, schreibe ich plötzlich. Ein bisschen erschrecke ich mich über mich selbst, aber andererseits möchte ich dazugehören.

Am nächsten Morgen frühstücke ich allein mit Mama. Papa ist schon auf der Arbeit.

»Nimm einen Apfel mit«, sagt Mama, während ich mir meine Butterbrote mache. Sie möchte immer, dass ich etwas Gesundes esse. Ich räume meinen Teller in die Spülmaschine, suche meine Sachen zusammen und will los. Auch Mama ist schon wieder auf dem Sprung zur Arbeit.

»Viel Spaß in der Schule«, wünscht sie mir noch. Ja sicher, viel Spaß. Sie hat gar keine Ahnung, wie furchtbar das alles für mich ist. Wieder in diese verdammte Schule mit diesen unterbelichteten Typen. Heute regnet es tierisch, aber trotzdem fahre ich mit dem Fahrrad.

Vor Schulbeginn sehe ich Carina weinend über den Schulhof laufen. Alle drehen sich zu ihr um. Viele zeigen mit dem Finger auf sie. Ich höre mich selbst lachen. Ein paar Tage später teilt uns unsere Klassenlehrerin Frau Thomas mit, dass Carina die Schule verlassen hat. Seitdem ist nicht nur Carina, sondern auch die Snapchat-Gruppe verschwunden.

## Platten

In der dritten Stunde ist Mathe. In Mathe bin ich ziemlich gut. Der Lehrer, Herr Rossmann, hat Jannick aufgefordert, eine Aufgabe im Dreisatz lösen. Kinderkram. Aber der Idiot rafft es einfach nicht. Ich zeige die ganze Zeit auf und schnippe mit dem Finger. Irgendwann sagt Jannick genervt, dass er keinen Bock mehr hat, und Herr Rossmann nimmt mich dran. Ich gehe an die Tafel und erkläre es den anderen.

»Gut gemacht, Moritz«, sagt Herr Rossmann, als ich mich wieder setze.

»Wichser!«, zischt Jannick mir in der Pause auf dem Schulhof zu und rempelt mich kurz an. Der Idiot. Als ob ich was dafür kann, dass er so blöd ist.

Am Mittwoch regnet es nach Schulschluss schon wieder in Strömen. Ich will mich aufs Fahrrad schwingen, aber der Hinterreifen ist platt.

»Scheiße!«, rufe ich. Ich schiebe das Rad unter das Vordach der Schule. Da versuche ich den nassen, schmutzigen Mantel vom Fahrrad herunterzubekommen. Plötzlich ritzt mich was ganz doll auf der Haut.

»Scheiße!«, sage ich wieder. Im Mantel steckt ein fetter Nagel drin. Er ist gebogen und hat sich tief in den Schlauch gebohrt. Wo kann ich mir den bloß eingefangen haben?

Den Schlauch bekomme ich nicht mehr geflickt. Ich werde wohl auch einen neuen Mantel brauchen. Es regnet immer heftiger. Mir ist zum Heulen. Ich schiebe mein Fahrrad nach Hause. Verdammter Scheißtag.

## Abendessen

Statt Hausaufgaben zu machen, lenke ich mich ein bisschen mit der Playstation ab. Meine Eltern kommen heim und wir essen gemeinsam zu Abend.

»Wie war es in der Schule?«, fragt Papa. Sofort schnürt sich mein Hals zu, sodass ich den angefangenen Bissen Spaghetti Bolognese kaum noch runterbekomme. Der ganze verdammte miese Tag steht mir wieder vor Augen.

»Gut«, bekomme ich mit heiserer Stimme heraus. Was soll ich auch anderes sagen?

»Es war wirklich das Beste, dass wir die Schule gewechselt haben«, sagt Mama. »Du kommst doch bestimmt viel besser klar«, meint sie.

»Besser, ja«, sage ich. Ich hasse die Schule.

»Mein Fahrrad ist platt. Ein Nagel hat dringesteckt. Der ganze Schlauch ist hinüber, der Mantel auch. Das bekomme ich nicht mehr geflickt«, bringe ich hervor und könnte fast schon wieder heulen.

»Am Wochenende hast du ja Zeit, das Fahrrad fertig zu machen. Kauf dir einen neuen Schlauch und einen guten, stabilen Mantel, dann passiert so etwas nicht mehr so schnell«, sagt Papa. »Morgen kann ich dich zur Schule bringen. Ansonsten hast du ja noch das Busticket.«

Danach höre ich gar nicht weiter zu. Mama und Papa reden nur von der Arbeit, obwohl sie sich dort ohnehin den ganzen Tag sehen. Ich lasse den Teller halb voll auf dem Tisch stehen und gehe zu meiner Playstation. Wahrscheinlich merken sie gar nicht, dass ich weg bin.

In meiner Schreibtischschublade habe ich noch eine Tafel Schokolade. Ich zocke vor mich hin und schieb sie mir nebenbei Stück für Stück in den Mund.

Auf einmal steht Mama im Zimmer. »Schatz, du hast deinen Teller nicht abgeräumt!«, sagt sie vorwurfsvoll.

»Musst du schon wieder Schokolade essen? Du nimmst immer mehr zu. Und dein Teller war noch halb voll. Wozu stelle ich mich abends eigentlich noch in die Küche?«, fragt sie aufgeregt. Den Teller stellt sie mir auf den Schreibtisch.

»Du wirst wirklich immer dicker. Du solltest mehr Sport treiben.« Mama sieht mich wieder vorwurfsvoll, aber auch besorgt an. Super. Das ist natürlich genau das, was ich gerade hören will.

»Mache ich doch. Ich fahre Fahrrad!«, sage ich.

»Das scheint aber nicht zu helfen. Du gerätst immer mehr aus den Fugen. Lass die Schokolade und die Limo weg, sonst gehst du auseinander wie Hefe!« Mama zieht die Tür zu und geht.

Was für ein Tag! Und morgen wird es wahrscheinlich kaum besser. In der Nacht wälze ich mich unruhig im Bett hin und her.

## Radsport Xtreme

Am nächsten Morgen sitze ich neben Mama im Auto. Wir reden kaum etwas. Mein Handy meldet sich. Ich bin zu einer neuen Snapchat-Gruppe eingeladen worden. »Radsport Xtreme« heißt die. Klingt interessant. Ich trete bei. Und dann ... da ist ein Video, wie ich mein Fahrrad nach Hause schiebe. Durch den strömenden Regen. Dazu gehässige Kommentare. Die Gruppe hat schon 40 Mitglieder. Was soll das?

»Ist irgendetwas nicht in Ordnung?«, fragt Mama.

»Nein, alles gut«, antworte ich. Natürlich ist nichts in Ordnung. Aber wie soll ich das jemandem erklären, der mir sowieso nicht zuhört?

»Du solltest nicht so viel mit deinem Handy spielen. Das verdirbt die Augen«, sagt Mama. Meine Augen sind gerade wahrscheinlich nicht das Problem, würde ich am liebsten erwidern. Aber ich behalte es für mich. Sie würde es ja doch nicht verstehen. Wieder schnürt es mir die Kehle zu. Ich will weglaufen, bloß nicht in die Schule jetzt.

»Ach, guck mal, der Herr lässt sich heute von Mami bringen«, ätzt Murat. Ich gehe über den Schulhof und merke, wie ich die Blicke auf mich ziehe. »Radsport Xtreme«, so eine Scheiße.

»War wohl zu schwer für das Fahrrad«, geiert Jannick. Lukas und Erik stehen neben ihm. Alle lachen. Ich schaue auf den Boden, versuche niemanden anzusehen.

In der ersten Stunde ist Bio. Ich verstecke mich irgendwo hinten im Bioraum und versinke in trüben Gedanken. Zum Glück spricht mich niemand an. In der Pause sehe ich ein neues Bild in der Snapchat-Gruppe. Es zeigt mich, wie ich aus dem Auto steige.

»Zu schwer fürs Fahrrad. Da hilft nur Mamis Schwertransporter!!!«, steht in roter Schrift auf dem Bild. Schon ist es wieder verschwunden.

Am Nachmittag laufe ich nach Hause. Was für ein beschissener Tag. Zum Glück ist bald Wochenende. Samstag kümmere ich mich erst einmal um mein Fahrrad.

## Aufgehalten

An den nächsten Schultagen lassen mich alle in Ruhe. Wenigstens ist mein Fahrrad wieder in Ordnung. Ich mag es nicht, mit dem Bus zu fahren. Und Laufen macht auch keinen Spaß.

Im Unterricht kann ich mich nicht mehr so gut konzentrieren. Ich habe auch gar keine Lust mehr. Alle stehen in den Pausen mit irgendwem zusammen. Sie kennen sich schließlich schon lange. Ich finde keinen Anschluss, seitdem ich auf die neue Schule gewechselt bin. Und jetzt lachen mich schon wieder alle aus. So war es auch auf der letzten Schule.

In den Pausen verstecke ich mich im hintersten Winkel des Schulhofs. Ich schleiche an den Wänden entlang, versuche mich unsichtbar zu machen. Ja, unsichtbar. Das wäre ich am liebsten. Und weit weg von dieser verdammten Schule.

Letztens habe ich mich mal zu Lukas und Erik gestellt. Die beiden sind Freunde und ich sehe sie oft zusammen. Sie sind sogar erst ganz nett zu mir gewesen. Doch dann ist Jannick vorbeigekommen und hat gefragt, was denn der Bettnässer hier will. Damit hat er mich gemeint.

»Keine Ahnung. Ist uns irgendwie zugelaufen«, hat Erik daraufhin gesagt. Dann haben sie mich einfach stehen lassen und sind gegangen.

Ansonsten gab es seit einer Weile keine besonderen Zwischenfälle mehr. An einem Nachmittag fahre ich mal wieder vom Fahrradparkplatz runter, da stehen Jannick, Murat und Hüsein.

»Hast du keine Angst um dein Fahrrad?«, fragt Jannick.

»Wir können darauf aufpassen«, ergänzt Murat.

»Danke, das mache ich schon selbst«, sage ich und will weiterfahren, doch Jannick versperrt mir den Weg.

»So sah das letztens aber nicht aus«, meint Hüsein.

»So ein schönes Fahrrad, wäre doch schade, wenn dem etwas passiert!« Murat rückt mir richtig auf die Pelle.

»Was wollt ihr von mir?«, frage ich.

»Wir wollen dir helfen«, sagt Jannick.

»Wenn du nicht auf dein Fahrrad aufpassen kannst, machen wir das halt für dich«, meint Murat.

»150 Euro, das sollte es dir wert sein. Wir passen auf, dass es keinen Kratzer bekommt«, sagt Jannick verschwörerisch und fügt hinzu: »Aktionspreis nur für kurze Zeit!«

Ich will mich an ihnen vorbeidrängen, doch sie laufen ganz dicht neben mir her.

»Überleg es dir, ist eine gefährliche Gegend hier. Wir wollen dir helfen«, sagt Murat.

»Bring morgen die 150 Euro mit und wir passen auf, dass deinem Fahrrad nichts passiert. Du kannst dich auf uns verlassen«, fügt Jannick hinzu und legt mir den Arm über die Schulter. Mir wird übel, das Herz schlägt mir bis zum Hals. Ich habe Angst. Schließlich lässt Jannick mich los und ich fahre nach Hause.

In der Nacht kann ich nicht schlafen. Die verlangen ernsthaft Geld von mir. Es ist doch klar, dass die für den platten Reifen verantwortlich waren. Natürlich kann ich nichts beweisen. Und überhaupt, wer glaubt mir schon? Angeblich wollen sie ja nur auf das Fahrrad aufpassen. Aber ich glaube ihnen kein Wort.

## Bus statt Fahrrad

Freitagmorgen. Wir schreiben eine Mathearbeit. Ich habe kaum gelernt. Konzentrieren kann ich mich auch nicht. Ich fühle mich elend. Ich lese mir die Aufgaben immer wieder durch, ohne dass ich den Sinn richtig erfassen kann. Am Ende schreibe ich irgendwelche Lösungen hin. Bisher bin ich mit wenig Lernen durch die neue Schule gekommen. Jetzt fällt es mir immer schwerer. Gleich schellt die Schulglocke. Verdammt, ich bin noch nicht fertig. Irgendwie geht es mir heute nicht von der Hand.

»Hast du das Geld?«, raunt Jannick mir in der Pause zu. Mir wird heiß und kalt.

»Willst du mich erpressen?«, frage ich ihn direkt.

»Digga, du weißt nicht, wer deine Freunde sind. Wir wollen dir helfen. Du hast noch nicht kapiert, wie das hier läuft an der Schule.«

Was soll ich tun? Zur Schulleitung gehen? Meine Eltern um Geld bitten? Vergiss es. Die glauben mir sowieso nicht. Als an meiner letzten Schule immer wieder welche von meinen Sachen verschwanden, wurde mir gesagt, ich würde nicht richtig darauf aufpassen. Niemand hat mir geglaubt, dass ich bestohlen wurde. Ich habe es ja selbst kaum geglaubt.

»Wo hast du nur deine Gedanken?«, hat Mama immer gesagt. Manchmal habe ich ja auch wirklich etwas vergessen.

Nach der Schule gehe ich zu meinem Fahrrad. Ich habe es immer am Ständer angekettet. Jetzt ist der Vorderreifen völlig verbogen. Verdammt. Das waren doch Jannick und die anderen! Tränen der Wut schießen mir in die Augen.

Unmöglich, den Reifen wieder halbwegs zurechtzubiegen. Ich trage das Fahrrad nach Hause. Tränen der Wut laufen mir über das Gesicht.

»So etwas passiert leider«, sagt Papa beim Abendessen. Vielleicht solltest du lieber mit dem Bus zur Schule fahren.

»Ja, ich werde wohl wieder ein paar Tage den Bus nehmen«, antworte ich. Wie soll ich ihnen erzählen von allem, was in der Schule passiert? Jannick und die anderen würden sowieso alles abstreiten. Wenn sie überhaupt jemand fragen würde.

Ich gehe auf mein Zimmer, da meldet sich die Snapchat-Gruppe. Vielleicht hätte ich sie verlassen sollen. Jetzt sehe ich auf »Radsport Xtreme«, wie ich mein Fahrrad nach Hause trage. Wer hat mich da bloß wieder gefilmt? Und schon ist das Video wieder verschwunden. Erneut hagelt es hämische Kommentare.

»Hardcore Biker, LOL. Nur ein bisschen langsam«, schreibt Timo. Was soll das? Warum sind die bloß alle so gemein zu mir?

## Sei vernünftig, sonst bist du am Arsch

Die nächste Woche ist also wieder Busfahren angesagt. Ich gehe den anderen, so gut es geht, aus dem Weg. Dem Unterricht kann ich immer schlechter folgen. Morgen schreiben wir Englisch. Das gehört eh nicht zu meinen Lieblingsfächern und gelernt habe ich auch nicht.

Auf dem Weg zur Bushaltestelle halten Jannick und Murat mich an. Erik ist auch dabei, steht aber etwas abseits.

»Was ist mit deinem Fahrrad passiert?«, fragt Murat.

»Das wisst ihr wohl besser als ich«, sage ich. Wieder dieses Herzklopfen. Warum können sie mich nicht einfach in Ruhe lassen?

»Wieso? Was sollten wir wissen? Wir haben nichts gesehen, oder?«, fragt Jannick.

»Nein, ich habe nichts gesehen. Hast du was gesehen, Erik?«, sagt Murat.

»Nichts gesehen«, antwortet auch Erik.

»Wir hätten für dich darauf aufgepasst, Digga, aber du wolltest ja nicht«, meint Jannick.

Der Bus fährt vor.

»Lasst mich in Ruhe«, sage ich und will einsteigen. Jannick und Murat stellen sich mir in den Weg.

»Jetzt hör mir gut zu«, sagt Jannick. »Wir machen uns Sorgen um dich. So schnell ist etwas passiert. Bring morgen 150 Euro mit und wir sorgen dafür, dass dir nichts zustößt. Ich meine das ernst«.

Ich sehe, wie der Bus davonfährt. Jannick legt mir wieder seinen Arm über die Schulter.

»Sei vernünftig«, sagt er. »Sonst bist du bald am Arsch«.

So direkt hat mir bisher noch niemand gedroht. Es war der letzte Bus für heute, also laufe ich nach Hause. Die Straßen wirken eng und düster. Meine Kehle ist wie zugeschnürt. Ich schaue mich um. Lauert da hinter einer Ecke wieder irgendwo jemand, um mich zu filmen? Ich fühle mich nicht mehr sicher.

## Überfall auf der Schultoilette

Heute stand die Englischarbeit an. Diesmal kam ich überhaupt nicht klar. Am Anfang war mir doch alles so leicht gefallen an der neuen Schule. Selbst Englisch war nicht so schwer gewesen. Jetzt komme ich immer weniger klar. Dabei habe ich doch viel mehr in der Birne als die ganzen Idioten in meiner Klasse.

In der Pause muss ich auf die Toilette. Schultoiletten sind einfach so eklig. Als ich aus der Kabine rauskomme, fangen mich Nick und Timo ab. Nick ist groß und kräftig. Ich glaube, er macht Krafttraining. Das machen einige hier, auch Jannick und Murat.

»Ey, Opfer, hast du schon mal Klowasser getrunken?«, fragt Nick. Er steht direkt in der Tür.

»Lass mich in Ruhe«, sage ich und frage: »Was wollt ihr von mir?«

»Dein Handy«, sagt Timo.

»Was?« Mein Herz schlägt wieder bis zum Kinn.

»Du hast uns schon verstanden, wir wollen dein Handy«, sagt Timo.

»Sonst trinkst du Klowasser«, grinst Nick.

Ich versuche, die Klotür zuzuschlagen. Timo packt mich im Nacken, ich spüre, wie mir die Beine weggezogen werden. Mein Kopf hängt in der ekeligen Kloschüssel. Die Spülung geht, mein Gesicht ist unter Wasser. Ich werde an den Haaren hochgezogen.

»Rück dein Handy raus!«, ruft einer von den beiden.

»Nein!«, keuche ich. Schon hänge ich wieder in der Kloschüssel. Ich habe panische Angst. Mir bleibt die Luft weg. Ich gebe auf.

»Ihr könnte es haben«, rufe ich verzweifelt.

»Warum denn nicht gleich?«, fragt Nick. Wieder spüre ich, wie mein Kopf hochgerissen wird. Ich hole mein Handy aus der Tasche. Ein nagelneues Samsung Galaxy Flip 3, Limited Edition.

Die beiden nehmen es, Timo dreht sich noch einmal um. »Zu niemandem ein Wort, hörst du? Sonst machen wir dich kaputt!«, dann sind sie verschwunden.

Ich bleibe benommen neben der Toilette liegen und heule vor mich hin. Nach einer Ewigkeit stehe ich langsam auf, wasche mich, gehe auf den Schulhof. Draußen kommen Jannick und Murat auf mich zu.

»Wie siehst du denn aus? Dir ist doch nicht etwa etwas passiert?«, fragt Murat.

»Wir haben doch gesagt, wir passen auf dich auf. Aber du wolltest ja nicht«, meint Jannick, wieder mit diesem verschwörerischen Unterton.

Wie erkläre ich meinen Eltern bloß, dass mein neues Handy weg ist? Sicher meinen sie wieder, ich hätte nicht darauf aufgepasst. So wie mit den gestohlenen Sachen an der anderen Schule. Und wenn ich mit Frau Thomas rede, der Klassenlehrerin?

Am nächsten Morgen fangen mich Jannick, Murat und Hüsein an der Bushaltestelle ab.

»Ey, Opfer, vermisst du vielleicht dein Handy? Jemand hat auf dem Schulhof eins gefunden. Ist so gut wie neu«, sagt Jannick.

»Was wollt ihr von mir?«, frage ich.

»Ey, du bist so blöd, du hast es immer noch nicht begriffen. Helfen wollen wir dir. Mit 200 Euro Finderlohn bist du dabei. Ein Schnäppchen. Morgen bringst du das Geld mit. Wir können nicht die ganze Zeit umsonst auf dich und deine Sachen aufpassen«, sagt Jannick.

## Elternsprechtag

Am Nachmittag ist Elternsprechtag. Mama geht mit mir zusammen zu Frau Thomas. Unaufmerksam sei ich geworden, klagt sie. Meine Leistungen würden nachlassen. Die Mathearbeit habe ich versemmelt. Englisch sei auch daneben. Meine Beteiligung im Unterricht habe schwer nachgelassen, sagt Frau Thomas.

Auf dem Nachhauseweg herrscht eisiges Schweigen.

»Was sollen wir bloß mit dir machen?«, fragt Papa beim Abendessen.

»Du solltest dich wirklich mehr anstrengen«, sagt Mama. »Das Leben besteht nicht nur aus Computerspielen und Schokolade.«

»Und wann bringst du endlich dein Fahrrad in Ordnung?«, fragt Papa.

»Ja, seit das Fahrrad kaputt ist, bewegst du dich noch weniger«. Mama sieht mich vorwurfsvoll an.

Ich liege die ganze Nacht wach. Was erwartet mich morgen in der Schule? Kann es noch schlimmer werden? Warum lassen die mich nicht einfach in Ruhe? Und wenn ich ihnen das Geld gebe? Wenn ich Jannick einfach das verdammte Geld gebe? Werden sie mich dann in Frieden lassen?

In der Küche bewahrt Mama in einer Schublade das Haushaltsgeld auf. Es sind immer ein paar hundert Euro darin. Vielleicht merkt es niemand, wenn ich etwas davon wegnehme? Irgendwie ist es schon fast egal. Ich schleiche mich aus meinem Zimmer, gehe in die Küche und nehme 200 Euro aus der Schublade.

## Frau Thomas wird Opfer

»Na, hast du mal richtig geduscht? Hast gestern ganz schön nach Scheiße gestunken«, begrüßt mich Jannick auf dem Schulhof. Er klopft mir fest auf den Rücken. Fast sieht es aus, als wären wir Freunde. Murat und Hüsein lachen.

»Du schuldest uns noch Finderlohn«, mein Murat. Ich spüre wieder den Kloß im Hals und das Herzklopfen.

»Für die ehrlichen Finder«, zische ich und reiche ihnen das Geld rüber.

»Ah, jetzt hat er es kapiert.« Jannick legt mir wieder seinen Arm über die Schulter. »Hier, haben wir für dich aufgehoben. Pass demnächst besser darauf auf«, sagt er und gibt mir tatsächlich das Handy zurück.

»Leider waren gestern nicht alle Eltern bei dem Elternsprechtag, bei denen es dringend nötig gewesen wäre. Einige von euch haben in diesem Schuljahr schon sehr häufig unentschuldigt gefehlt«, sagt Frau Thomas vor der versammelten Klasse. »Nick, Jannick, Murat, ich will eure Eltern sehen. Ich gebe euch gleich ein Schreiben mit, das ihr von ihnen unterschrieben zurückbringt.«

»Boah, ich bin halt öfter mal krank«, regt Nick sich auf. »Da kann man nichts machen.«

»Hör auf Nick. Ich will mit deinen Eltern sprechen. So geht das hier nicht weiter. Deine Leistungen sind auch miserabel. Du wirst das Schuljahr wohl wiederholen müssen«, sagt Frau Thomas wütend.

»Ich fick dich, Alte«, sagt Nick.

Frau Thomas läuft rot an vor Wut. »Komm nach vorn, Nick. Wir gehen jetzt zur Schulleitung!«, ihre Stimme überschlägt sich.

Nick geht nach vorn zu Frau Thomas. Er spuckt auf den Boden. »Ich scheiß auf die Schulleitung!«, sagt er. »Und jetzt fick ich dich«.

Er springt auf Frau Thomas zu, drückt sie gegen die Tafel und reißt ihr die Bluse auf. Für einen Moment starren wir auf ihren BH. Frau Thomas reißt sich los und rennt zur Tür raus. Kurze Zeit ist es still. Dann bricht die Klasse in hässliches Gelächter aus. Nick, Jannick und Murat verlassen den Klassenraum. Irgendwann klingelt es zur Pause und wir anderen gehen ebenfalls raus.

## Erwischt

Samstagmorgen. Immerhin, endlich wieder Wochenende. Keine Schule. Ich stehe auf und gehe runter zum Frühstückstisch.

Meine Eltern blicken mich ernst an. »Moritz, setz dich!«, sagt Papa.

»Du willst uns doch sicher etwas sagen?«, fragt Mama.

»Äh, nein. Was sollte ich sagen?«, stammle ich.

»Vielleicht hast du uns etwas zu erklären«, meint Papa. Er blickt rüber zur Schublade.

Ich spüre, wie ich rot werde. Die Haushaltskasse. Verdammt. Soll ich ihnen alles erzählen? Aber sie haben mir doch sonst auch nicht geglaubt.

»In der Haushaltskasse fehlt Geld«, sagt Mama.

Soll ich es auf unsere Haushaltshilfe schieben? Die kommt seit vielen Jahren und ist immer zuverlässig. Ich versuche es mit einer Notlüge.

»Ich habe mir schon mal etwas herausgenommen für die Fahrradreparatur«. Ich schlucke, mein Mund ist trocken.

»Dein Fahrrad steht seit Wochen in der Garage, ohne dass du dich gekümmert hast«, sagt Mama.

»Ich gehe heute zum Fahrradladen«, sage ich.

»Das restliche Geld legst du aber wieder zurück«, sagt Papa.

»Und lass dir eine Quittung geben«, ermahnt mich Mama.

Nach dem Frühstück hole ich das Rad aus der Garage. Geld fürs Fahrradgeschäft habe ich keins. Was mache ich bloß? Ich schaffe das Rad in den nahe gelegenen Wald und verstecke es im Gebüsch. »Lügen haben kurze Beine«, sagt Oma immer. Ich habe ein schlechtes Gewissen. Aber ich weiß nicht, was ich tun kann. Jetzt habe ich zumindest vorerst für ein paar Tage Ruhe.

»Ende der Woche kann ich das Fahrrad abholen«, sage ich beim Abendessen.

»Was kostet die Reparatur denn?«, fragt Papa.

»Das können sie noch nicht sagen«, lüge ich. Es fühlt sich furchtbar an. Zum Glück sagen sie nicht, dass ich das Geld so lange zurücklegen soll. Ich fühle mich so elend.

Montagmorgen fällt der Unterricht in den ersten beiden Stunden aus. Eigentlich hätten wir da Frau Thomas. Sie sei krank, heißt es. Nick ist auch nicht da.

Die Snapchat-Gruppe ist verschwunden. Kein Grund zur Freude. Ich schleiche in der Schule weiter dicht an den Wänden entlang. Immer auf der Hut, immer in Angst vor der nächsten Attacke. Ich habe meine Eltern betrogen. Mein Fahrrad, das ich so geliebt habe und auf das ich mal so stolz war, liegt kaputt in den Büschen. Ich habe kein Geld, um es zu reparieren. Kein Mensch, dem ich vertrauen kann. Keine Hoffnung, dass irgendetwas besser wird.

Zumindest lassen mich heute alle in Ruhe. Mehr kann ich nicht erwarten. Niemand, der mit mir spricht. Kein freundliches Wort. Die meisten stehen in kleinen Gruppen auf dem Schulhof herum. Feixen. Lachen. Haben scheinbar ihren Spaß. Wahrscheinlich auf Kosten anderer. Sie alle scheinen irgendwo dazuzugehören. Ich jedoch gehöre nirgendwo dazu. Nicht einmal ein Fahrrad habe ich mehr, auf das ich mich nach der Schule schwingen und einfach mal ein bisschen wegfahren könnte.

## Einfach nur weg

Ein richtiges Zuhause habe ich ebenfalls nicht mehr. Klar, ich habe ein Zimmer. Eine Spielekonsole. Einen Schreibtisch und ein Bett. Aber ich fühle mich nicht mehr zuhause. Meinen Eltern gehe ich aus dem Weg, noch mehr als vorher schon. Ich kann ihnen gar nicht mehr in die Augen sehen. Ich habe ein schlechtes Gewissen. Ich habe sie bestohlen und ich kann ihnen nicht erklären, warum. Ich habe sie belogen, weil ich nicht wusste, was ich tun soll. Jetzt komme ich aus der Sache nicht mehr raus.

Wie soll es weitergehen? Ich schlafe schlecht. Wenn ich aufwache, packt mich das Entsetzen. Ich wünsche mir, es wäre ein Albtraum, aus dem ich einfach aufwachen kann. Aber dieser Albtraum ist mein Leben. Ich will dieses Leben nicht mehr. Ich will nur noch weg. Weg von der Schule. Weg von meinen Eltern. Weg von diesem ganzen Elend!

Ich fasse einen Entschluss. Ich werde weglaufen. Alles andere ist besser als dieses elende Leben, aus dem es keinen Ausweg gibt. Heimlich packe ich mir einen Rucksack mit einem Schlafsack und ein paar Klamotten. Ich werde nicht mehr zur Schule gehen. Ich werde auch nicht mehr nach Hause kommen. Ich haue einfach ab.

Morgens gehe ich ganz normal zur Bushaltestelle. Ich warte, bis meine Eltern auf jeden Fall zur Arbeit gefahren sind. Dann laufe ich nach Hause zurück. Ich nehme mir noch einmal 100 Euro aus der Küchenschublade. 70 Euro habe ich in der Spardose. Die nehme ich auch mit. Damit sollte ich eine Weile über die Runden kommen. Ich nehme den Rucksack und laufe einfach los. Ich laufe und laufe. Gern hätte ich jetzt mein Fahrrad, aber das liegt im Gebüsch. Mein Handy habe ich nochmal vollgeladen. Jetzt heißt es: einfach nur weg.

## Wie geht es weiter?

Stundenlang bin ich schon gelaufen. Seit einer Weile gehe ich an einem Kanal entlang, der an unserer Stadt vorbeifließt. Tiefes dunkles Wasser. Es schwappt an die Seitenwände des Kanals. Früher habe ich hier gern Schiffe beobachtet. Oma und Opa kamen mit mir hierher, als ich noch klein war. Heute wirkt der Kanal dunkel und bedrohlich, so wie alles um mich herum. Wie ein dunkler Schatten, der über meinem ganzen Leben liegt.

Ein Stück entfernt liegt ein kleines Einkaufszentrum. Ich gehe hin, kaufe mir zwei Flaschen Limo und ein paar Tafeln Schokolade. Nebenan ist ein *McDonald›s*. Dort hole ich mir einen Burger mit Pommes. Für einen Moment vergesse ich alles um mich herum und genieße das Alleinsein. Niemand, der mich bedroht. Niemand, der Fragen stellt. Nichts, was ich irgendwem erklären müsste.

Dann gehe ich wieder runter zum Kanal. Die Füße fangen an, mir weh zu tun. Ich laufe trotzdem weiter. Zum ersten Mal mache ich mir Gedanken, wo ich die Nacht verbringen könnte. Es ist zwar warm, aber ich habe schon etwas Angst, so ganz im Freien zu schlafen. Jetzt merke ich, dass ich eigentlich gar keinen richtigen Plan habe. Ich weiß auch nicht, wie es weitergehen soll. Weg, einfach nur weg. Das war mein Plan. Vielleicht doch kein so guter Plan. Aber es ist immer noch besser, als weiter zur Schule zu gehen und so zu tun, als wäre nichts gewesen. Ich kann einfach nicht mehr.

Es sind kaum Menschen unterwegs am Kanal. Bald wird es Abend. Meine Eltern werden sich irgendwann fragen, wo ich bleibe. Das Handy habe ich ausgeschaltet. Sollen sie mich doch suchen. Es ist Freitag. In der Schule können sie erst am Montag anrufen. Bis dahin bin ich schon weit weg. Vielleicht fragen sie in der Fahrradwerkstatt nach. Da erreichen sie aber auch frühestens morgen jemanden. Dann fliegt meine Lüge auf. Na und? Sie wollen doch sowieso nicht die Wahrheit hören. Meine Eltern möchten nur hören, dass alles in Ordnung ist. Und dass ich gute Leistungen bringe. Hat ja super geklappt.

Nach einer Weile erreiche ich eine kleine Grillhütte. Eine Bank, ein Tisch und so etwas wie ein Dach über dem Kopf. Hier kann ich die Nacht verbringen. Mama und Papa werden sich Sorgen machen. Das hätten sie besser schon früher gemacht. Jetzt ist es zu spät. Ein schlechtes Gewissen habe ich trotzdem.

Ich setze mich an den Tisch, trinke Limo und esse dazu Schokolade. Ich vermisse mein Fahrrad. Mit dem würde ich jetzt besser vorankommen. Wenn ich überhaupt jemals glücklich war, dann wahrscheinlich nur auf dem Fahrrad. Vielleicht noch, als ich ganz klein war. Als es noch keine Schule gab, keinen Jannick, Nick und Murat. Kein Gymnasium, an dem sie mich geärgert, ausgelacht und bestohlen haben. Einfach wieder klein sein und unbeschwert spielen, das wäre schön. Aber das ist ein für alle Mal vorbei. Und jetzt habe ich nicht einmal mehr ein Fahrrad.

Mein Blick fällt auf das dunkle Wasser. Das Wasser wirkt unruhig. Die Wellen schlagen gegen die Kaimauer. Oma hat immer gesagt, ich solle aufpassen am Wasser. Es sei gefährlich. Es soll wohl mal jemand versucht haben, darin zu baden. Die Strömung habe ihn mitgerissen und er sei ertrunken. Wie lange das wohl dauert, bis man ertrinkt? Ob das weh tut? Wie mag das wohl sein, unter Wasser zu sein und keine Luft zu bekommen?

Am Gymnasium hatten wir Schwimmunterricht. Da hat mich mal einer untergetaucht und eine Ewigkeit unter Wasser gehalten. Das war furchtbar. Wie mag es bloß sein, in diesem Dreckwasser unterzugehen? Wenn mich die Strömung einfach mitreißen würde? Früher oder später wäre es dann vorbei.

Ich merke, wie ich müde werde über meinen finsteren Gedanken. Was für ein Tag. Meine Füße tun weh. Ich habe keine Ahnung, wie viel ich heute gelaufen bin. Wahrscheinlich habe ich mein Leben lang noch nie so viele Kilometer zurückgelegt.

Ich strecke mich auf der Bank aus. Es ist jetzt fast dunkel. Ich sehe den Mond am Himmel. Dann blicke ich wieder auf das Wasser. Als würde es mir etwas zuflüstern. Es zieht mich magisch an …

Wie es morgen weitergeht? Ich habe keine Ahnung. Weiterlaufen vielleicht, damit ich schnell möglichst weit von zuhause wegkomme. Nicht auffallen. Möglichst wenigen Menschen begegnen. Hauptsache weg. Alles andere wird sich finden …

**Moritz ist kein Einzelfall. So tragisch und unglaublich manches klingt, Mobbing ist grausam und oft sehr brutal. Wir übertreiben nicht, denn das ist – leider - gar nicht nötig. Auch hier fassen wir erneut die wichtigsten Punkte zusammen:**

- Mobbing hat oft eine Vorgeschichte. Manche Opfer geraten immer wieder in das Visier von Tätern. Da hilft meist auch ein Schulwechsel nichts.

- Gerade in der Schule gibt es häufig mehrere Täter, die sich gegenseitig zu übertreffen versuchen. Je leichter sie es mit dem Opfer haben, umso dreister werden sie mit der Zeit.

- Das sogenannte Cybermobbing ist ein großes Problem geworden. Täter machen Fotos oder drehen Filme vom Leiden ihrer Opfer und machen auch vor intimen Situationen nicht halt. Täter und Opfer werden dabei immer jünger.

- Alle sind mal Täter, mal Mitläufer und vielleicht auch mal Opfer. Moritz macht mit, als Carina zum Opfer wird, auch wenn es sich nicht gut anfühlt. Er will dazugehören und lässt sich mitreißen.

- Auch Lehrerinnen und Lehrer können zu Opfern werden.

- Wenn Opfer keine Vertrauensperson haben, ist es für sie fast unmöglich, dem Mobbing zu entkommen.

- Eltern wollen meistens nur das Beste für ihre Kinder, aber häufig gibt es Missverständnisse. Auch wenn es zunächst schwerfallen mag, ist es trotzdem wichtig, sich den Eltern anzuvertrauen. Häufig ziehen sich Mobbingopfer zurück, wenn sie sich nicht gleich von den Eltern verstanden fühlen.

# Mobbing geht uns alle an: Nachwort für Eltern, Lehrende und andere Beteiligte

Dieses Buch richtet sich vor allem an Kinder und Jugendliche. Nicht nur an die, die von Mobbing betroffen sind, sondern auch an jene, die es verhindern können. Denn neben Tätern und Opfern sind die größte Gruppe »alle anderen«. Sie haben es in der Hand, wenn Mitschülerinnen oder Mitschüler, Sportkameraden oder Sportkameradinnen, Geschwister, Nachbarskinder oder sonst jemand in ihrem Umfeld ins Visier von Tätern gerät.

Diese Kinder und Jugendlichen können sozusagen als Ersthelfer aktiv werden, wenn sie in ihrer näheren Umgebung beobachten, wie sich Mobbing entwickelt und seine zerstörerische Wirkung auf ein junges Leben entfaltet. In den meisten Fällen werden sie es aber nicht schaffen, sich den Tätern oder Täterinnen allein entgegenzustellen. Sie brauchen die Hilfe von Erwachsenen. Das gilt natürlich erst recht für die Betroffenen selbst.

## Nehmen Sie Mobbing ernst

Mobbing ist kein Spaß, nicht einmal ein schlechter. Wir alle neigen dazu, sich abzeichnende, tiefe Konflikte zulasten Einzelner als harmlose Schulhofrangeleien abzutun.

»Die Kinder müssen halt lernen, sich durchzusetzen«, ist immer noch eine weitverbreitete Meinung. Sicher wäre es auch ein Fehler, sein Kind ständig in Watte zu packen und wie ein Helikopter über ihm zu kreisen. Das Phänomen der Helikoptereltern gilt berechtigterweise gemeinhin als kontraproduktiv für die Entwicklung von Kindern. Ganz nebenbei kann es eher Mobbing provozieren, als dass es ihm entgegenwirkt.

Aber bleiben wir bei der Sache mit dem Durchsetzen: Mobbing trifft in den meisten Fällen diejenigen, die sich am wenigsten durchsetzen können. Die Täter suchen sich immer die Schwächsten aus. Sie testen zunächst einmal, wie weit sie gehen können und wie wehrhaft ihre Opfer sind. Erst wenn sie sich sicher sind, dass sie wenig Gegenwehr zu befürchten haben, gehen sie immer weiter – über jede Grenze, bis hin zu brutalster physischer und seelischer Gewalt.

## Hören Sie den Kindern zu

Mobbingopfer haben es oft schwer, sich zu artikulieren. Sie suchen den Fehler meist bei sich selbst. Dadurch sind sie unsicher und empfinden häufig Scham, über das Geschehen zu berichten. So geschieht es nur allzu leicht, dass die Betroffenen mit ihren Qualen allein bleiben und das Unheil unter aller Augen und gleichzeitig doch unbemerkt seinen Lauf nimmt.

Eltern kommt hier eine besondere Rolle und Verantwortung zu. Wenn die Kinder von ersten, vielleicht noch gar nicht so signifikanten Mobbingerfahrungen berichten, ist Zuhören angesagt. Die Kinder sind sich wahrscheinlich selbst noch unsicher. Sie brauchen an diesem Punkt Hilfe, das Geschehene für sich einzuordnen. Was läuft da gerade ab? Welche Rolle spielen sie selbst darin? Haben sie einen Fehler gemacht?

Hören Sie Ihren Kindern zu und reflektieren Sie gemeinsam mit ihnen diese Erfahrungen. Zeigen Sie ihnen, dass Sie sie in ihrer Not ernst nehmen, auch wenn es auf den ersten Blick nicht so schlimm erscheinen mag. Sätze wie »Das wird schon wieder« oder »Stell dich nicht so an!« sind an dieser Stelle nicht hilfreich. Die Erfahrung zeigt, dass Mobbingopfer sich dauerhaft verschließen, wenn sie das Gefühl bekommen, dass ihr Umfeld ihnen nicht zuhört oder sie nicht ernst nimmt. Das zeigt auch die Geschichte von Moritz im dritten Kapitel. Dabei geht es nicht um das objektive Verhalten der Eltern, die natürlich fast immer nur das Beste für ihre Kinder wollen. Entscheidend ist aber die subjektive Wahrnehmung der Kinder, die unter Umständen eine ganz andere sein kann.

Das Zuhause hat einen entscheidenden Einfluss darauf, ob sich aus scheinbar harmlosen Zwischenfällen ein ausgemachtes Mobbing mit dem Potenzial für schwere seelische Schäden entwickeln kann. Das bedeutet nicht, dass die Eltern nach der ersten kleinen Rangelei gleich in der Schule oder bei den Eltern eines Tatverdächtigen erscheinen müssen. Entscheidend ist, dass die Kinder das Gefühl haben, dass sie zu Hause gehört werden und ihren Eltern Vertrauen entgegenbringen.

Das klingt selbstverständlich, ist es aber leider nicht. Die meisten werden sagen: »Natürlich kann unser Kind uns vertrauen!« Und das wird auch in den meisten Fällen zutreffen. Aber die gefühlte Wahrnehmung eines Kindes, das gerade unter Druck steht, kann eine andere sein als die Selbstwahrnehmung der Eltern. Dann wird im hektischen Alltag einmal nicht richtig hingehört und schon entsteht beim Kind das Gefühl, von allen verlassen zu sein und allein dazustehen.

Darum hören Sie Ihrem Kind bitte zu. Vielleicht braucht es das manchmal dringender, als es Ihnen bewusst ist.

## Mobbing entwickelt sich langsam

Mobbing entwickelt sich langsam. Die Täter sind oft sehr manipulativ und gehen in kleinen Schritten vor. Sie müssen erst austesten, ob sie dem Opfer gewachsen sind. Bei Gegenwehr lassen sie meist ganz schnell von ihm ab. Außerdem muss es möglichst isoliert sein und sollte wenig Unterstützung aus der Gruppe haben.

Das klassische Opfer hat ein schwaches Selbstbewusstsein und irgendwelche Auffälligkeiten – Übergewicht, Stottern, Lispeln, Brille (ggf. in Kombination mit einer Fehlstellung der Augen), abstehende Ohren, eine andere Hautfarbe oder spezifische Eigenarten. Häufig umgeben sich diese Kinder oder Jugendlichen mit anderen, die es selbst schwer haben, ihren Platz in der Gruppe zu finden und zu verteidigen. Sie haben selbst das Potenzial, als Nächstes zum Opfer zu werden. Das macht es den Tätern leicht, ihr perfides Spiel zu spielen. Leider ist es für die Betroffenen kein Spiel, sondern bitterer, oft existenzbedrohender Ernst.

Meistens sind es Einzelne, die hinter dem Mobbing stehen. In Tätergruppen gibt es in der Regel einen Anführer oder eine Anführerin. Die anderen schauen zu, laufen mit oder machen auch mit, gerade bei fortschreitender Eskalation. Insbesondere in der Schule wechseln die Täter mitunter und versuchen, sich gegenseitig zu übertreffen.

Die ersten Übergriffe finden meist wie zufällig statt. Die Täter testen das Opfer erst einmal aus. Das ist oft der Punkt, wo die Betroffenen nicht ganz ernst genommen werden, wenn sie von ihren Erlebnissen erzählen. Damit verlieren sie leicht das Vertrauen, wenn sie später wirklich Hilfe benötigen.

Es gehört zum Wesen des Mobbings, dass es langsam eskaliert. Der typische Verlauf geht über drei Stufen, von den vermeintlich harmlosen oder zufälligen Anfängen bis hin zu einer für das Opfer ausweglos erscheinenden Lage, die für das weitere Leben und das Selbstbild der Betroffenen prägend ist. Mobbing in seiner extremen Form hinterlässt tiefe seelische Wunden und kann bis zum Suizid führen.

Neben den seelischen Schäden kann sich das Mobbing auch unmittelbar auf die Zukunftschancen eines jungen

Menschen auswirken. Die fortwährende Qual führt zu Rückzug, Isolation, Konzentrationsschwäche, Unlust und nachlassender Motivation. Am Ende stehen Leistungsabfall, schlechte Noten, Sitzenbleiben oder sogar eine vorzeitig abgebrochene Schullaufbahn. Das ohnehin meist schon schwache Selbstvertrauen der Betroffenen fällt ins Bodenlose.

In der dritten Eskalationsstufe wird das Geschehen meist für alle offensichtlich. Tatsächlich ist es dann schon zu spät, es kann nur noch Schadensbegrenzung betrieben werden. Findet das Mobbing in der Schule statt, hilft an dieser Stelle häufig nur noch ein Schulwechsel.

Das Problem: Betroffene mit einschlägiger Mobbingerfahrung haben dann oft schon ein typisches Opferprofil entwickelt. Nicht selten trägt auch ihr eigenes Verhalten dazu bei, dass potenzielle Täter auf sie aufmerksam werden. Die Erfahrung zeigt, dass diese Kinder oder Jugendlichen auch an einer neuen Schule schnell wieder in Schwierigkeiten geraten. Dann kommt die nächste Mobbingspirale in Gang und für die Betroffenen beginnt der Albtraum von Neuem. So erlebt es auch Moritz in seiner Geschichte.

## Alle sind gefordert

Eltern, Lehrende und andere Bezugspersonen sind hier gleichermaßen gefordert. Jedes Leben, das durch Mobbing zerstört wird, ist eines zu viel. Ein aufmerksames Umfeld kann Mobbing verhindern. Wachsam sein, hinschauen, bei Bedarf intervenieren – behutsam oder bestimmt, wie es die Situation gerade erfordert –, das ist die Verantwortung der Erwachsenen.

Im Übrigen ist Achtsamkeit gerade am »Tatort Schule« nicht nur gegenüber den Schülerinnen und Schülern geboten. Lehrer können ebenfalls ins Visier der Täter geraten. Auch sie leiden oft im Stillen, während ihre Kolleginnen und Kollegen gar nichts von dem mitbekommen, was hinter den Türen der Klassenräume geschieht. Der Übergriff auf die Lehrerin in der Geschichte von Moritz ist keine Fiktion. Derartige Übergriffe sind dokumentiert.[6] Auch vor Waffengewalt schrecken einige Täter nicht zurück.

Wenn Sie im Schulbetrieb tätig sind, achten Sie deshalb bitte auf Ihre Kolleginnen und Kollegen. Dazu gehört auch eine offene Gesprächskultur, die es erlaubt, sich einander anzuvertrauen. Denn natürlich empfinden auch diese Opfer große Scham. Wer gibt schon gerne zu, sich der eigenen Klasse nicht gewachsen zu fühlen?

---

6 Vgl. Lindemann, Laura (28.11.2022). Gewalt an Schulen in NRW nimmt zu: So reagieren Pädagogen. Online abrufbar unter: https://www.waz.de/politik/landespolitik/gewalt-an-schulen-in-nrw-nimmt-zu-so-reagieren-paedagogen-id237024231.html – besucht am 20.04.2023.

## Cybermobbing: Der verlängerte Arm der Täter

Mobbing hat es schon immer gegeben. Es war schon immer brutal, grausam und unmenschlich. Das Internet, Smartphones mit Foto- und Videofunktion, Apps und sogenannte soziale Netzwerke bieten den Tätern aber ganz neue Möglichkeiten für ihr antisoziales Treiben. Blitzschnell verlagert sich das Geschehen vom Schulhof oder Sportplatz in das weltweite Netz. Von dort erreicht es die Kinder und Jugendlichen überall – im Schulbus, in den Ferien, im Kinderzimmer.

Die Reichweiten sind enorm. Man muss nicht mehr unmittelbar dabei sein, um Zeuge des Geschehens zu werden. Aus sicherer Entfernung können alle ihre Kommentare absetzen. Falls nötig, auch anonym. Nur die Opfer bleiben im Fokus und sind Zielscheibe von Spott, Häme oder sensationslüsternem Voyeurismus. Moritz beispielsweise verfällt selbst der Verführungskraft des Cybermobbings. Er wird einen Moment zum Täter, obwohl der Vorgang ihn eher abstößt und er sogar Mitleid mit dem Opfer empfindet. Später gerät er selbst in den Mittelpunkt von Cybermobbing-Attacken. Auch der Vorfall auf der Schultoilette in der Geschichte basiert im Kern auf einer realen Begebenheit. Das Phänomen nennt sich Sexting.[7]

7 Vgl. Lindemann, Laura (21.11.2022). Aufklärung über Sexting: Wenn Schüler Oralverkehr filmen. Online abrufbar unter: https://www.waz.de/region/rhein-und-ruhr/nrw-kampagne-will-jugendliche-ueber-sexting-aufklaeren-id236961157.html – besucht am 20.04.2023.

Medienkompetenz ist ein Schlüssel, um dem Cybermobbing überhaupt begegnen zu können. Das gilt nicht nur für die Schülerinnen und Schüler, sondern insbesondere auch für die Erwachsenen. Es ist wichtig, dass sie die Medien und das Konsumverhalten der Jugendlichen kennen, damit sie im Zweifelsfall helfen oder intervenieren können.

Auch Cybermobbing hat nichts mit Spiel oder Spaß zu tun. Neben der reinen Bloßstellung der Opfer, die schon für sich schlimm genug ist, werden schnell auch Persönlichkeitsrechte verletzt und es kann zu strafrechtlich relevanten Tatbeständen kommen.

## Erste Schritte gegen Mobbing

Der Weg aus der Mobbingfalle beginnt damit, ins Handeln zu kommen. Für die Betroffenen bedeutet das: raus aus der Opferrolle. Wie sie das schaffen sollen? Indem sie sich den Tätern stellen und zu ernsthaften Gegnern werden. Damit ändern sie die Regeln in dem perfiden Spiel. Es geht nicht einmal darum, zu gewinnen. Es geht darum, Zeichen zu setzen, sich zu wehren und es den Angreifern schwer zu machen.

Die Entscheidung, etwas an der Situation zu ändern, müssen die Betroffenen selbst treffen. Trotzdem schaffen es die Wenigsten allein, dem Mobbing zu entkommen. Aufmerksame Eltern, Lehrerinnen und Lehrer, Trainerinnen oder Trainer, Betreuerinnen und Betreuer in Schule, Jugendzentrum oder Gemeinde – sie alle können dabei helfen, den ersten Schritt zu gehen. Dabei gilt: Je früher dieser Schritt erfolgt, desto schneller kann das Mobbing gestoppt werden und desto weniger Spuren und Narben wird es in der Seele hinterlassen.

Jeder Mensch hat seine Defizite. Bei Mobbingopfern sind diese mitunter so offensichtlich, dass die Täter sie als Einladung empfinden. Unter Umständen kann es daher hilfreich sein, an diesen Defiziten zu arbeiten. Altkluge oder streberhafte Kinder können beispielsweise andere, weniger Begabte durch ihre Art provozieren, ohne dass es unbedingt ihre Absicht ist oder dass sie sich dessen überhaupt bewusst sind. Es kann eine große Hilfe sein, derartiges Verhalten mit ihnen urteilsfrei zu reflektieren und sie zu einem sozialverträglicheren Umgang zu motivieren, beispielsweise indem sie anderen in ihrer Klasse helfen.

Kinder mit einem sogenannten Sprachfehler können logopädische Unterstützung erhalten, bei Übergewichtigen hilft Sport. Die Defizite sind damit nicht sofort weg, aber die Kinder lernen besser damit umzugehen und stärken damit gleichzeitig ihre Selbstwahrnehmung in Bezug auf das Problem.

Die Schule als Ort des Lernens und des Miteinanders kann einen Rahmen schaffen, um für Mobbing zu sensibilisieren. Neben der behutsamen und diskreten Stärkung des Opfers – es will ja nicht als »Petze« oder »Lappen« dastehen – gilt es hier vor allem, die anderen in die Pflicht zu nehmen: alle, die zuschauen, mitlaufen oder mitmachen. Sobald sie beginnen, sich von den Tätern abzuwenden oder noch besser sogar dem Opfer beizustehen, kann sich das Blatt wenden.

## Das Selbstbewusstsein der Betroffenen stärken

Entscheidend auf dem Weg aus der Opferrolle ist ein wachsendes Selbstbewusstsein. Das entsteht nicht von heute auf morgen. Die Kinder und Jugendlichen müssen daran arbeiten. Die Erwachsenen können sie dabei unterstützen und ihnen gegebenenfalls auch aktiv Angebote machen.

Körperliche und geistige Aktivität kann stark zu einem wachsenden Selbstbewusstsein beitragen. Neben einem besseren Körpergefühl und einer gesteigerten Selbstwahrnehmung sind es vor allem die Erfolgserlebnisse, die Kinder und Jugendliche dadurch bekommen und die sie nach und nach mutiger werden lassen.

Eltern, Lehrkräfte und andere Erwachsene im Umfeld haben dabei so etwas wie eine Platzanweiserfunktion. Sie können den jungen Menschen helfen, sich auszuprobieren und »ihr Ding« zu finden. Das kann beispielsweise Ballsport oder Kampfkunst, Musik, Tanz oder Schach sein. Jeder Mensch hat Talente und Begabungen. Ein bisschen Freude an der Sache reicht für den Anfang – und bitte kein Leistungsdruck.

In der Geschichte von Sara ist es das Fußballspiel, das sie zufällig für sich entdeckt und aus dem sie Kraft schöpft. Dabei hat sie neben ihrer couragierten Mutter eine Lehrerin, die ihr zur Seite steht. Den Rest macht sie selbst. Sie arbeitet aktiv an ihrem Selbstbewusstsein und findet irgendwann den Mut, sich zu wehren. Das Ganze braucht etwas Zeit. Sara nutzt die Sommerferien, um zu trainieren und sich ihrer selbst bewusster zu werden. Mit wachsendem Selbstbewusstsein ändert sich auch die Wahrnehmung des Umfelds Sara gegenüber und sie erfährt eine steigende Solidarität. Am Ende lässt die Täterin von ihr ab.

## Auftreten, Sprache und innere Haltung

Selbstbewusstsein äußert sich durch die innere und äußere Haltung. Die innere Haltung besagt: Ich bin mir meiner selbst bewusst. Ich weiß, was ich wert bin!

Je selbstbewusster die Betroffenen werden, desto mehr zeigt es sich auch in Haltung, Bewegungen und Sprache. Aber auch hier schadet ein bisschen Training nicht. Den Tätern Grenzen zu setzen, bedeutet auch, eine klare Sprache zu gebrauchen. Dazu gehören prägnante, kurze Sätze mit Ich-Botschaften oder gerne auch Imperativen. Vorgetragen werden sie mit ruhiger, deutlicher Stimme in aufrechter, standfester Körperhaltung. Das zeugt von Selbstbewusstsein und Wehrhaftigkeit. Das vermeintliche Opfer hat sich in einen ernst zu nehmenden Gegner verwandelt.

»Ich heiße Sara!«, entgegnet Sara am Ende ihrer Geschichte selbstbewusst, als die Täterin sie mit einem Spottnamen tituliert. Ausdruck und Körpersprache hat sie ebenso trainiert wie ihr Körpergefühl, Kraft, Fitness und

Zweikampf – spielerisch, beim Fußball. Mit ihrem Auftritt erweist sie sich als veritable Gegnerin, die das Opferprofil abgelegt hat. Die Täterin zieht sich geschlagen zurück.

## Rat und Hilfe

Bis es so weit ist, brauchen die Betroffenen Rat und Hilfe. Die finden sie zunächst bei vertrauenswürdigen Personen in ihrem unmittelbaren Umfeld – hoffentlich. Doch auch die sind in der Regel zunächst einmal Laien und der Komplexität und Brutalität von Mobbing nicht immer gewachsen. Professioneller Rat, Training und Schulung können hier sehr hilfreich sein. Das gilt insbesondere für diejenigen, die als Lehrende, Sozialarbeiter oder Sozialarbeiterinnen oder Betreuungskräfte in Vereinen oder Jugendgruppen tätig sind.

Außerdem müssen die Opfer häufig zunächst ihre Angst, Schockstarre oder Lethargie überwinden, bevor sie sich dem Problem überhaupt stellen können. In Deutschland können die *TelefonSeelsorge*, die *Nummer gegen Kummer* oder die Opferberatungsstelle *Weißer Ring* erste Anlaufstellen für Betroffene und Ratsuchende sein. Überall beraten Wohlfahrtsorganisationen oder kirchliche Träger wie *Das Rote Kreuz* oder *Jugendrotkreuz*, *Diakonie*, *Caritas* oder *Die Malteser*. Am Ende des Buches haben wir einige der wichtigsten Telefonnummern und Webseiten zusammengestellt.

## Anti-Mobbing-Training

Anti-Mobbing-Trainings können für Betroffene und Beteiligte gleichermaßen hilfreich sein. Sie wirken zum einen präventiv, um Mobbing gar nicht erst entstehen zu lassen. Zum anderen stärken sie die Handlungskompetenz der Betroffenen, gehen den Ursachen von Mobbing auf den Grund und liefern viele Werkzeuge, um Übergriffen zu begegnen und sie ganz abzustellen.

Mittlerweile gibt es viele gute Onlinekurse zum Thema »Mobbing«. Sie eignen sich insbesondere, um erste Kompetenzen im Umgang mit der Materie zu entwickeln und theoretische Grundlagen zu erlernen. Erfahrungsgemäß sind Präsenzveranstaltungen allerdings meist intensiver und haben eine stärkere Wirkung auf die Lebenspraxis und Alltagskompetenz der Kinder und Jugendlichen.

Solche Trainings finden erfreulicherweise auch immer häufiger in Schulen statt. Oft geht es auf die Initiative von Eltern- und Fördervereinen zurück, die Trainerinnen oder Trainer für ein Seminar an ihrer Einrichtung anfragen. Auch wir waren schon oft an Schulen und haben dort gerne die Präventionsarbeit unterstützt.

## Weitere Möglichkeiten bei Mobbing

Wenn Mobbing strafrechtlich relevante Aspekte enthält – siehe dazu das vorige Kapitel -, sollten Sie unbedingt die Polizei einschalten und Anzeige erstatten. Auch hier finden

Sie im Internet die Kontaktdaten der entsprechenden Polizeidienststelle in Ihrer Nähe. Eine Anzeige ist meistens auch nötig, damit ein Anwalt – falls Sie einen beauftragen wollen – nötige rechtliche Schritte vorbereiten kann. In diesem Fall sollten Sie sich mit einem Juristen absprechen, welche Schritte sinnvoll sind.

Aus rechtlicher Sicht wird Mobbing nicht direkt bestraft, jedoch können Gesetze des Strafgesetzbuches greifen, um den oder die Täter zur Rechenschaft zu ziehen.

So sieht das Strafgesetzbuch in vielen Fällen passende Möglichkeiten vor, um sich aus der Opferfalle zu befreien. Hier einige Beispiele:[8]

- Bei Beleidigung greift § 185 und diese wird mit einer Freiheitsstrafe bis zu einem Jahr oder mit einer Geldstrafe geahndet.

- Die üble Nachrede ist im § 186 festgelegt. Dabei gilt, dass bei der Verbreitung oder Behauptung von unwahren Tatsachen, die den anderen verächtlich machen oder in der öffentlichen Meinung herabwürdigen, ebenfalls mit einer Freiheitstrafe von bis zu einem Jahr oder mit einer Geldstrafe zu rechnen ist. Sollte die Tat öffentlich oder durch das Verbreiten von Schriften begangen worden, kann sich die Freiheitstrafe sogar auf bis zu zwei Jahren erhöhen.

---

8 Quelle: www.klicksafe.de/themen/kommunizieren/cyber-mobbing/was-sagt-das-gesetz/ - besucht am 12.11.2021.

- Eine Verleumdung ist in § 187 des Strafgesetzbuches geregelt. Der Gesetzgeber meint dazu: »Wer wider besseres Wissen in Beziehung auf einen anderen eine unwahre Tatsache behauptet oder verbreitet, welche denselben verächtlich zu machen oder in der öffentlichen Meinung herabzuwürdigen oder dessen Kredit zu gefährden geeignet ist, wird mit Freiheitsstrafe bis zu zwei Jahren oder mit Geldstrafe und, wenn die Tat öffentlich, in einer Versammlung oder durch Verbreiten von Schriften (§ 11 Abs. 3) begangen ist, mit Freiheitsstrafe bis zu fünf Jahren oder mit Geldstrafe bestraft.«

- § 238 betrifft die Straftat »Nachstellung«. Dazu steht im Gesetzestext: »(1) Wer einem Menschen unbefugt nachstellt, indem er beharrlich 1. seine räumliche Nähe aufsucht, 2. unter Verwendung von Telekommunikationsmitteln oder sonstigen Mitteln der Kommunikation oder über Dritte Kontakt zu ihm herzustellen versucht, 3. unter missbräuchlicher Verwendung von dessen personenbezogenen Daten Bestellungen von Waren oder Dienstleistungen für ihn aufgibt oder Dritte veranlasst, mit diesem Kontakt aufzunehmen, 4. ihn mit der Verletzung von Leben, körperlicher Unversehrtheit, Gesundheit oder Freiheit seiner selbst oder einer ihm nahe stehenden Person bedroht oder 5. eine andere vergleichbare Handlung vornimmt und dadurch seine Lebensgestaltung schwerwiegend beeinträchtigt, wird mit Freiheitsstrafe bis zu drei Jahren oder mit Geldstrafe bestraft.

(2) Auf Freiheitsstrafe von drei Monaten bis zu fünf Jahren ist zu erkennen, wenn der Täter das Opfer, einen Angehörigen des Opfers oder eine andere dem Opfer nahestehende Person durch die Tat in die Gefahr des Todes oder einer schweren Gesundheitsschädigung bringt.«

- Auch Tonaufnahmen dürfen nicht einfach ohne Erlaubnis von anderen Personen erstellt und veröffentlicht werden. Es handelt sich dabei um die Verletzung der Vertraulichkeit des Wortes und ist im § 201 des Strafgesetzes geregelt.

- § 201a widmet sich hingegen der Verletzung des höchstpersönlichen Lebensbereiches durch Bildaufnahmen. So macht man sich strafbar, wenn man eine andere Person heimlich in deren Wohnung oder einer intimen Umgebung, wie Umkleide, Dusche, in der Toilette etc. fotografiert oder filmt. Die Verbreitung derartiger Aufnahmen ist ebenfalls strafbar.

- Der Tatbestand der Nötigung und Bedrohung wird in den §§ 240 und 241 des Strafgesetzbuches behandelt.

- Auch Fotos von anderen dürfen nicht einfach veröffentlicht werden und dieses Recht ist im § 22 KUG – dem Kunsturheberrechtgesetz – geregelt. In diesem Fall handelt es sich nicht um ein Strafgesetz, sondern um ein zivilrechtliches Gesetz.

Der Schutz vor der Verbreitung persönlicher Daten ist übrigens auch in der Datenschutzgrundverordnung – DSGVO – geregelt.

Alle hier aufgezählten Gesetze und deren Beschreibung sind aktuell – zum Zeitpunkt der Veröffentlichung – gültig und können sich natürlich im Laufe der Jahre verändern. Am besten, Sie erkundigen sich im Internet nach dem neuesten Stand der Gesetzeslage. Es zeigt jedoch ebenfalls, dass wir umfassend gegen Cybermobbing geschützt werden. Im Unterschied zum klassischen Mobbing können bei dieser Form des Mobbings entsprechende Beweise relativ einfach erbracht werden. Sie sollten daher sämtliche Angriffe immer durch Screenshots etc. sichern bzw. mit Ihrem Kind darüber sprechen, damit Ihr Nachwuchs von selbst Beweise sammelt.

Letztlich sollten Sie sich grundsätzlich überlegen, ob Sie Ihr Kind für einen Selbstverteidigungskurs anmelden möchten. Im Laufe der Jahre konnten wir die Erfahrung machen, dass ein Großteil der Mobbingopfer deswegen in die Spirale von körperlicher wie psychischer Gewalt geraten, weil sie zur typischen Zielgruppe von Mobbingtätern zählten. Es steht außer Frage, dass wir alle zum Opfer von Mobbing werden können. Das Risiko ist grundsätzlich für jeden von uns vorhanden, selbst für einen Politiker, Unternehmer, Boxchampion oder Elite-Soldaten. Es geraten jedoch hauptsächlich besonders schüchterne, unsichere und ängstliche Personen ins Visier dieser Tätergruppe. Etwa 90 Prozent aller Menschen, die an unseren Seminaren teilnehmen oder uns als Mobbingopfer kontaktieren und um Hilfe anfragen, weisen diese vorgenannten Eigenschaften auf.

In Selbstverteidigungskursen und in gut geführten Kampfsportschulen lernen die Teilnehmerinnen und Teilnehmer nicht nur, wie man sich verteidigt. Sie lernen vor allem, wie sie sich physisch und mental in Grenzsituationen des täglichen Lebens richtig verhalten. Durch dieses Training wird das Selbstvertrauen gestärkt, wodurch sich das Auftreten insgesamt verändert und das wiederum hilft, sich nicht – unbewusst – als mögliches Opfer anzubieten. Wie wir in diesem Buch bereits beschrieben haben, suchen sich Mobber normalerweise möglichst »leichte« Opfer aus und durch eine gestärkte Außenwirkung zeigen wir uns als zumindest herausfordernden Gegner. Der klassische Mobber wendet sich dann lieber jemanden zu, der weniger Widerstand vermuten lässt. Hier zeigt sich auch das grundsätzliche Prinzip des Kampfsports: Es geht nie darum, alles und jeden zu verprügeln, sondern einer möglichen Auseinandersetzung aus dem Weg zu gehen, und zwar bevor sie eskaliert.

Es gibt inzwischen im städtischen sowie im ländlichen Bereich eine große Auswahl an Selbstverteidigungskursen oder Kampfsportschulen. Am besten recherchieren Sie im Internet nach dem für Sie passenden Angebot. Es existiert übrigens nicht die »perfekte« Kampfsportart. Das bedeutet, egal, für welches Training Sie sich entscheiden, Sie investieren dabei immer in Ihre körperliche Fitness und mentale Stärke. Alternativ – sollte Kampfsporttraining nicht zu Ihren bevorzugten Sportarten zählen – kann eine andere sportliche Betätigung sicherlich ebenfalls dazu beitragen, Ihr Auftreten zu verbessern. Dabei hängt es natürlich sehr von der Sportart selbst ab, denn verständlicherweise wirken sich beispielsweise Denksportaufgaben anders auf Ihre künftige Außenwirkung aus, als es etwa körperlich besonders aktiven Sportarten der Fall ist.

Dann gibt es noch spezielle Seminare und Workshops zum Thema Mobbing. Hier lernen Sie ebenfalls präventive Maßnahmen kennen und vor allem lernen dort die Teilnehmerinnen und Teilnehmer, wie sie mit Mobbing – und Mobbern – umzugehen haben. Diese Kurse finden teilweise auch über das Internet statt, wodurch Sie diese Seminare bequem von zu Hause aus durchführen können. Wir empfehlen jedoch – sofern möglich – eine Teilnahme vor Ort. Dabei kommen Sie nämlich auch mit Gleichgesinnten schneller in Kontakt, zusätzlich können Sie bei Präsenzseminaren viel besser Ihre Wirkung auf andere trainieren, verglichen mit einer Veranstaltung über das Internet.

**Zusammenfassung:**

Inzwischen existiert eine Vielzahl an Beratungsstellen für Mobbingopfer. Niemand, der gemobbt wird, ist wirklich allein:

- Suchen Sie schnellstmöglich Kontakt zu anderen und sprechen Sie über das Mobbing.

- Wenden Sie sich zumindest an eine Person Ihres Vertrauens, beispielsweise der Partner bzw. die Partnerin, Familienmitglieder oder Freunde.

- Bei Mobbing am Arbeitsplatz sollten Sie sich an den direkten Vorgesetzten oder an die Personalabteilung wenden.

- Notieren Sie sich vor dem Gespräch alles, was Ihnen einfällt und sammeln Sie zusätzlich Beweise, um Ihre Aussagen – zumindest teilweise – bekräftigen zu können.

- Es gibt viele offizielle Beratungsstellen mit Profis, die Ihnen weiterhelfen können.

- Denken Sie daran, die Polizei einzuschalten, wenn die Taten des Mobbers strafrechtlich relevant sein können.

- Verringern Sie die Gefahr, gemobbt zu werden, indem Sie Ihre körperliche und mentale Fitness stärken.

- Ziehen Sie den Besuch eines Anti-Mobbing-Seminars in Betracht.

## Einsatz dieses Buches in Schule und Unterricht

Die Schule sollte ein sicherer Ort sein, an dem sich Kinder und Jugendliche auf das Lernen konzentrieren und auf das Leben vorbereiten können. Mobbing hat darin eigentlich keinen Platz. Die Realität sieht leider oft anders aus. Das ist in der Regel nicht die Schuld der Schule oder der Lehrenden. Aber alle an der Schule Tätigen haben es mit in der Hand, die Rahmenbedingungen für ein unbeeinträchtigtes Lernumfeld zu schaffen, in dem es keinen Raum für Mobbing gibt. Wir möchten mit diesem Buch dazu beitragen.

Als Frau Yildirim in der Geschichte von Sara mit dem Mobbing konfrontiert ist, startet sie eine Unterrichtsreihe zu dem Thema. Zum Glück hatte Sara eine couragierte Mutter, die das Gespräch mit der Klassenlehrerin gesucht hat. Sonst hätte die Geschichte vielleicht mit einem Schulwechsel geendet und das Mobbinggeschehen wäre gar nicht oder erst zu spät erkannt worden.

Wir plädieren daher für einen präventiven Umgang mit dem Mobbing, auch im Unterricht. Das war unser Antrieb, dieses Buch zu schreiben. Das Ende der Geschichte in dem Kapitel *Moritz läuft weg* haben wir bewusst offen gelassen. Hier laden wir die jungen Leserinnen und Leser ein, die Geschichte zu Ende zu erzählen. Dies könnte auch eine Aufgabe im Deutschunterricht sein.

Das Fach Deutsch eignet sich auch wunderbar dazu, Stimme und Sprache zu trainieren, beispielsweise durch das laute Rezitieren von Texten. Und wie bereits in der Geschichte von Sara angesprochen, kann Mobbing auch im Sozialkundeunterricht thematisiert werden. Sicher beinhaltet jeder Lehrplan in diesem Fach ausreichend Interpretationsspielraum, um sich auf die eine oder andere Weise einem so essenziellen Thema wie dem Mobbing anzunähern.

Was ist mit Haltung und Körpersprache? Vielleicht gibt es ja Interesse an einer Anti-Mobbing-AG, wo so etwas auch trainiert werden kann. Wir hoffen, dass dieses Buch die eine oder andere Anregung für eine solche AG gibt. Haltung und Körpergefühl werden natürlich auch im Sportunterricht vermittelt. Aber wann wird den jungen Menschen schon einmal nahegebracht, was für einen Unterschied das für ihr Selbstbewusstsein, ihre innere Haltung und ihr Auftreten machen kann?

Natürlich würden wir uns freuen, wenn dieses Buch sich auch bald in vielen Schulbibliotheken findet. Der Kampf gegen Mobbing ist uns eine Herzensangelegenheit. Und wir sind immer auf der Suche nach engagierten Mitstreiterinnen und Mitstreitern. Dabei liegt unsere große Hoffnung auch in der Schule als dem Ort, in dem die Kinder auf das Leben vorbereitet werden.

## Wir zählen auf Sie!

Mobbing kann Leben zerstören, bevor sie richtig begonnen haben. Solange Kinder und Jugendliche von Mobbing betroffen sind, gibt es keine Chancengleichheit. Für uns ist das eine Tragödie und deshalb ist uns der Kampf gegen Mobbing so wichtig.

Geht es Ihnen genauso? Möglicherweise haben Sie gerade deshalb zu diesem Buch gegriffen. Vielleicht hat es Sie auch mehr für die Thematik sensibilisiert. Beides würde uns freuen.

Wenn Sie bis hierhin gelesen haben, betrachten wir Sie ab sofort als Mitstreitende oder Mitstreitender in der »Mission AUSgemobbt«. Denn Mobbing geht uns alle an. Wir zählen auf Sie!

# Anhang

## AUSgemobbt – die Webseite

Mit »AUSgemobbt« setzen Marcell Engel und Martin Zovak nicht nur ein starkes Zeichen gegen Mobbing – sie geben dabei auch viele wertvolle Tipps und sogar direkte Hilfe für alle, die gerade nicht weiterwissen und sich aus der Opferrolle befreien möchten.

Im Podcast und zahlreichen Videos geben sie darum Antworten auf Fragen wie etwa: Wie begegnet man Mobbern am besten? Wie stärkt man sein Mindset, um aus der Opferrolle aussteigen zu können? Wie kann man anderen helfen?

Und für das ultimative Anti-Mobbing-Training bieten Marcell und Martin einen Videokurs an.

Alles darüber auf der Webseite: www.ausgemobbt.com

## Anlaufstellen und Adressen (Auswahl)

Deutschland

Telefonseelsorge: 0800 111 0 111

https://www.nummergegenkummer.de/

http://mobbt-die-mobber.de/

Österreich

https://www.get-social.at/time4friends/

https://www.bundeskanzleramt.gv.at/agenda/netzberatung.html

Schweiz

http://www.mobbing-zentrale.ch/

https://www.fachstelle-mobbing.ch/

# Weiteres von den Autoren

*In seinem achtseitigen Abschiedsbrief schrieb Elias, er möchte nicht in einer Welt voller Grausamkeiten leben und durch das jahrelange Mobbing wurde jegliches Selbstwertgefühl und Hoffnung in ihm zerstört.*

Marcell Engel und Martin Zovak
**AUSgemobbt**
Anti-Mobbing Ratgeber
Mentoren-Media-Verlag
ISBN: 978-3-98641-018-6
€ 9,95 [DE]

Mobbing findet überall statt: in der Schule, am Arbeitsplatz, innerhalb der Familie und im Internet. Erfahren Sie in diesem Kompaktbuch, wie Sie sich gegen Mobbing wehren und künftig vermeiden, zum Mobbingopfer zu werden. Außerdem erfahren Sie als Elternteil, Lehrkraft oder auch Zeuge von Mobbing, wie Sie derartige Angriffe künftig möglichst schnell erkennen und was Sie dagegen unternehmen können.

In diesem Ratgeber erfahren Sie,
- wie Mobbing entsteht
- wie Sie Mobbing erkennen
- welche Maßnahmen Sie ergreifen sollten
- wie Sie sich insbesondere bei Cybermobbing verhalten sollten
- wo Sie bei Mobbing Hilfe finden

*»Opfer zu sein, ist die Hölle. Eine Hölle, aus der viele irgendwann keinen Ausweg mehr finden. Wir möchten diese Hölle beenden. Und vielleicht helft ihr uns ja auf unserer Mission.«*

Marcell Engel und Martin Zovak
**Geh sterben, du Opfer!**
Der Anti-Mobbing Ratgeber
für Kinder & Jugendliche
Mentoren-Media-Verlag
ISBN: 978-3-98641-075-9
€ 9,95 [DE]

Du glaubst, Mobbing betrifft dich nicht? Schön wär´s. Vielleicht wurdest du schon einmal gemobbt, vielleicht kennst du jemanden, der zum Mobbingopfer wurde oder vielleicht hast du in der Vergangenheit gesehen, wie andere etwa in der Schule so richtig mies behandelt wurden. Und das nicht nur einmal, sondern immer wieder. Mobbing ist hässlich und vor allem grausam für alle, die davon betroffen sind.

In diesem Ratgeber erfährst du, woran du Mobbing erkennst, wie du dich als Opfer oder Zeuge verhalten solltest, wie du Hilfe findest und welche Möglichkeiten du hast, um zukünftig kein Mobbingopfer zu sein. Begebe dich gemeinsam mit Marcell Engel und Martin Zovak auf die »Mission AUS-gemobbt« und setze dem Mobbing ein Ende, wo immer es dir begegnet. Sei mutig, verbünde dich mit anderen und geh dagegen an. Du kannst entsetzliches Leid verhindern, wenn du rechtzeitig einschreitest.